쉽고 재미있게
생각하는 연산!

연산력 수학

노크

A1
(6~7세)

1부터 20까지의 수

똑!똑! 연산력 수학
노크의 구성

연산 학습 ▶ 하루에 4쪽씩 한 가지 주제를 학습합니다.

이미지 활동을 통해 배울 내용을 이해해요.

활동을 통해 배운 내용을 연습해요.

공부한 날짜를 적어 보며 학습 관리를 해요.

평가 ▶ 배웠던 주제를 평가해 봅니다.

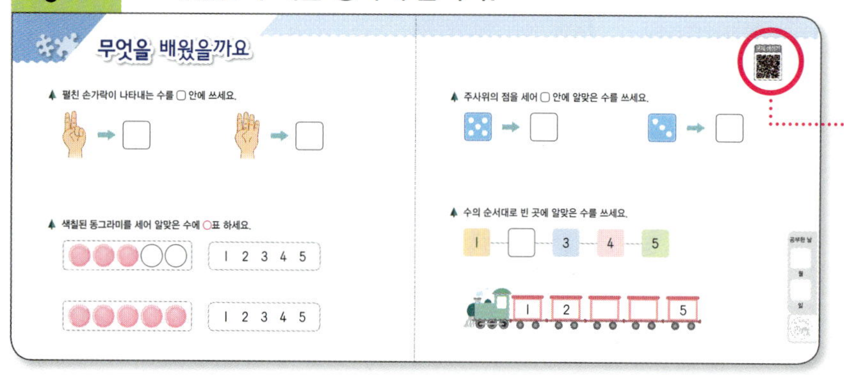

"문제 생성기" QR코드를 이용하면 여러 문제를 더 풀어 볼 수 있어요.

연산 보충 학습 ▶ 연산 학습의 부족한 부분을 연습합니다.

각 주제별로 학습했던 연산 학습 중 연습이 더 필요한 부분을 본책 맨 뒤에서 제공합니다.
해당 연산 학습을 끝낸 후에 사용하세요.

연산력 수학 노크만의 스마트 학습

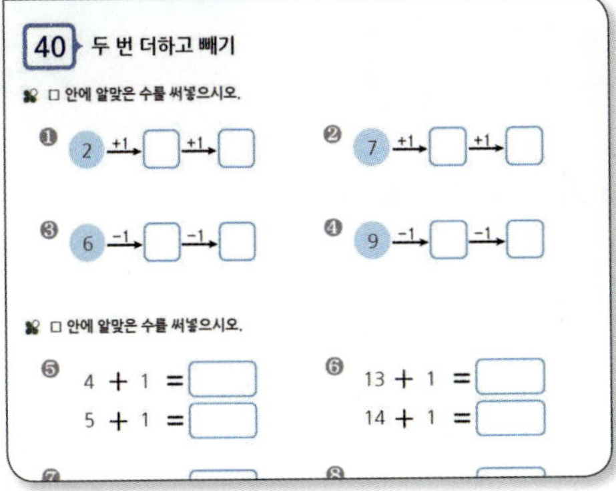

"무엇을 배웠을까요"를 풀고 난 후 QR코드를 찍어 보세요.
새로운 문제들이 계속 생성됩니다.
출력하여 사용하세요.

"연산력 게임" 코너에 있는 QR코드를 찍어 보세요.
연산 학습과 연계된 재미있는 연산력 게임을 할 수 있습니다.

연산력 수학 노크에 나오는 친구들을 소개해요!!

모험가 친구들

지오
호기심 공주

태경
활동파 리더

마법사 멀린과 수학 요정

마법사 멀린

꼬마 요괴

딴소리

한입

장난

딴짓

멍하니

감만자

울보

거꾸로

차례

5까지의 수

▶ 연산 보충 학습(102~103쪽)에서 더 풀어 보세요.

학부모 지도 가이드

아이들이 5까지의 수를 직관적으로 알 수 있도록 펼친 손가락의 수 세기, 그림의 수 세기, 주사위 점의 수 세기를 연습하게 해 줍니다.

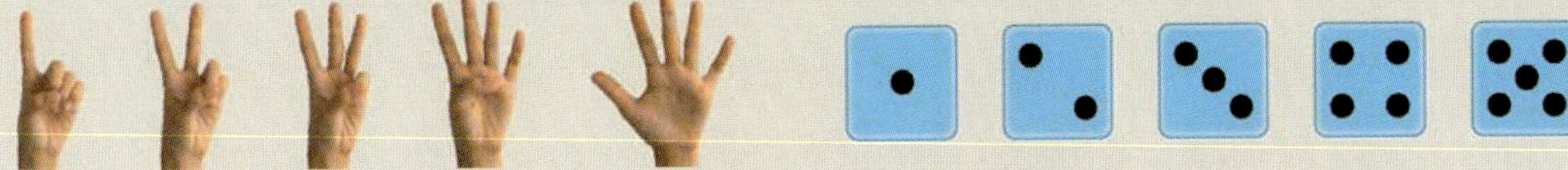

더불어 1 → 2 → 3 → 4 → 5의 순서를 배우고 난 후 거꾸로 5 → 4 → 3 → 2 → 1을 학습하면 아이들이 수 계열을 이해하는 데 도움이 될 것입니다.

1 손가락으로 세기

태경이와 지오는 손가락으로 사탕과 과자를 세고 있어요.

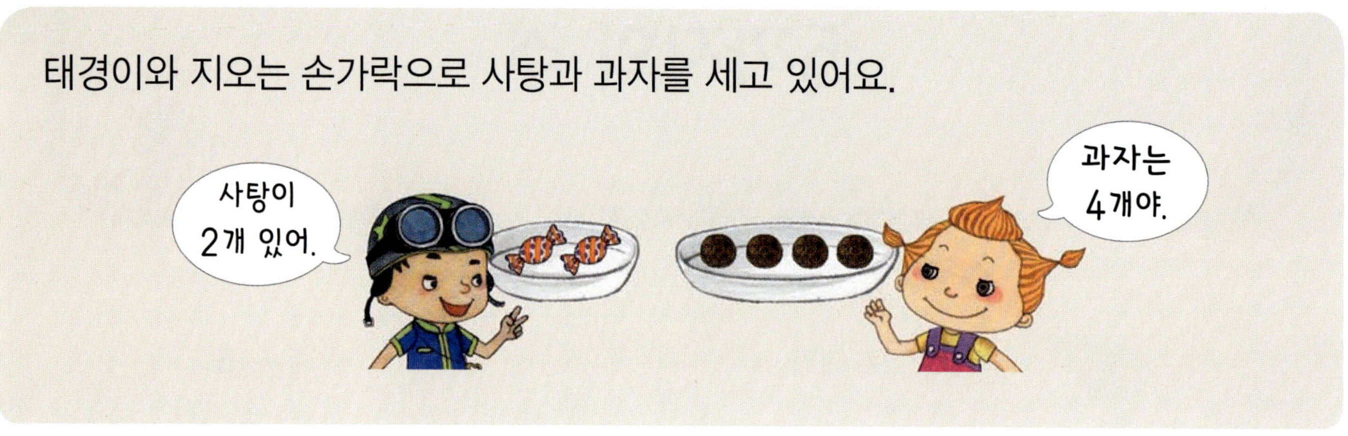

펼친 손가락만큼 ◯로 묶으세요.

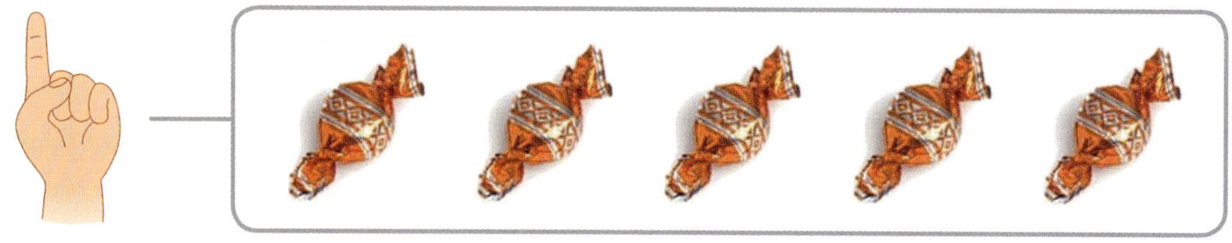

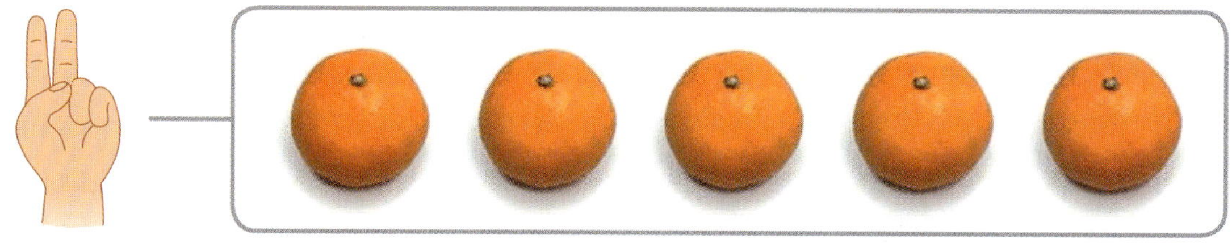

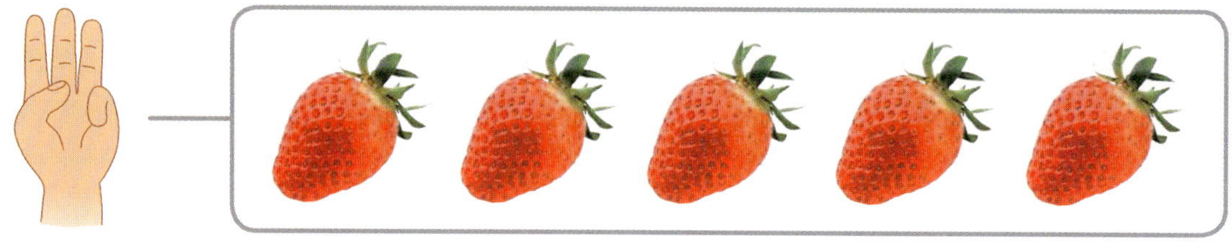

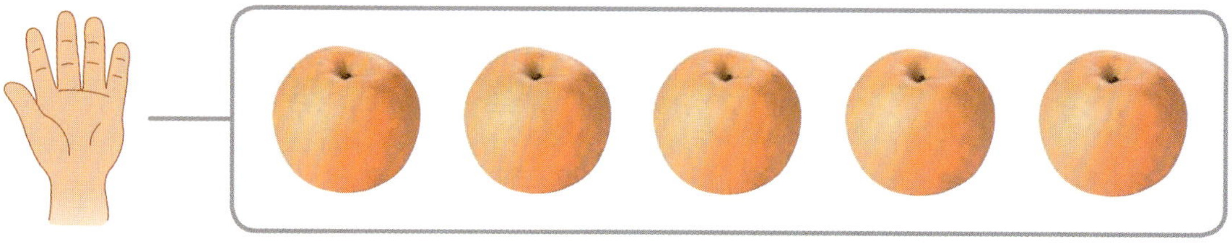

펼친 손가락만큼 ◯를 색칠하세요.

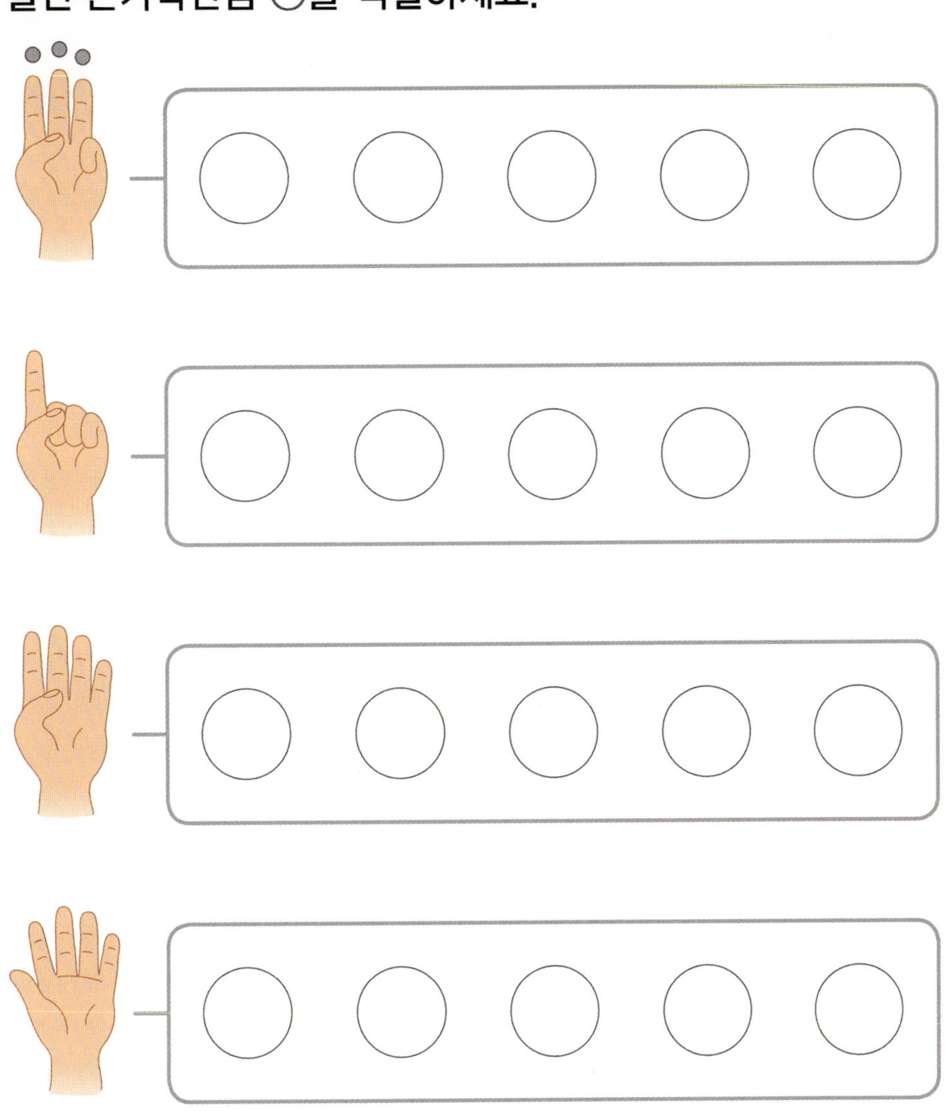

🌳 손가락이 나타내는 수를 따라 쓰세요.

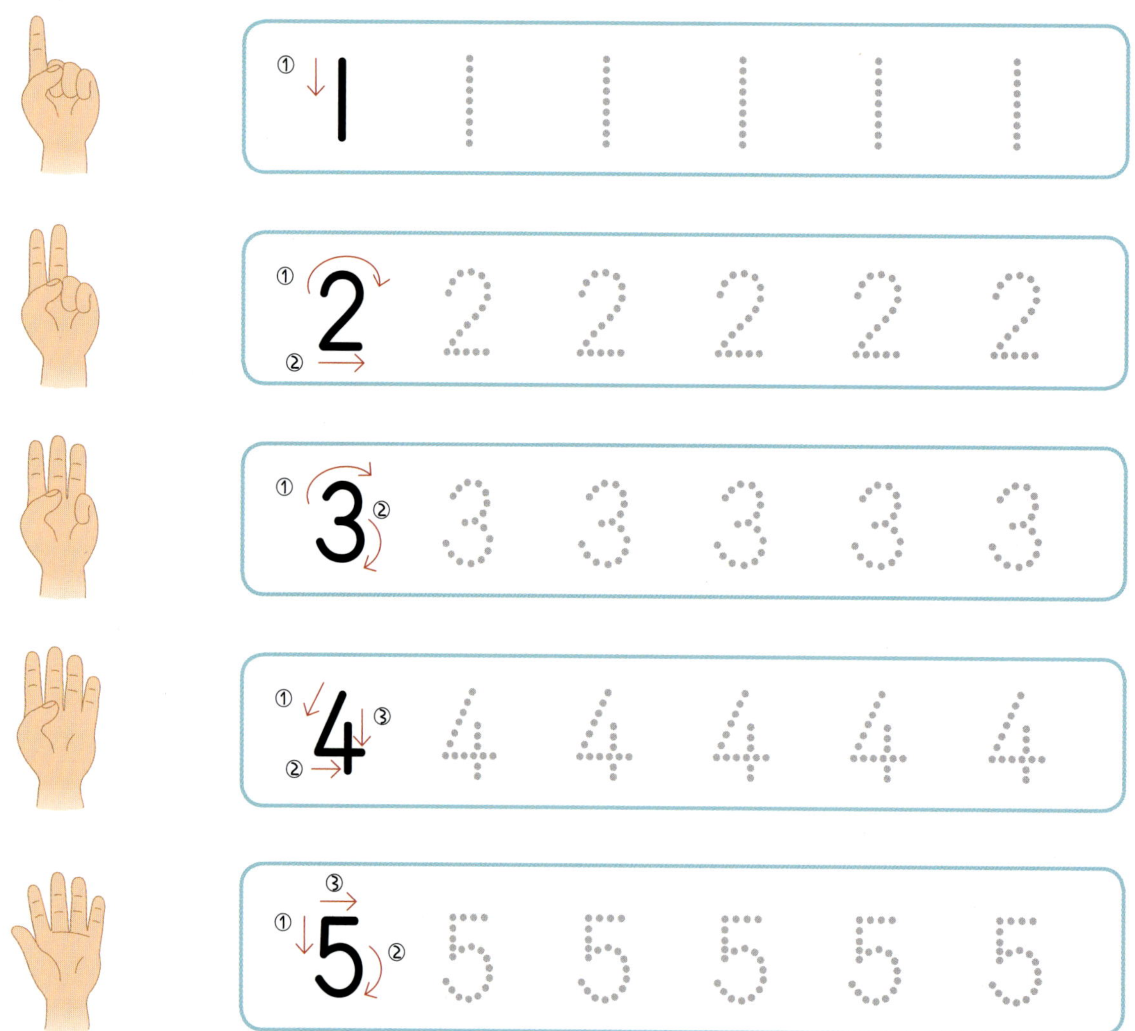

펼친 손가락이 나타내는 수를 ☐ 안에 쓰세요.

3

수 세기

지오와 태경이는 축구공과 농구공을 세고 있어요.

하나	둘	셋
1	2	③

하나	둘	셋	넷	다섯
1	2	3	4	⑤

🌳 공을 세어 알맞은 수에 ○표 하세요.

1 2 3 4 5

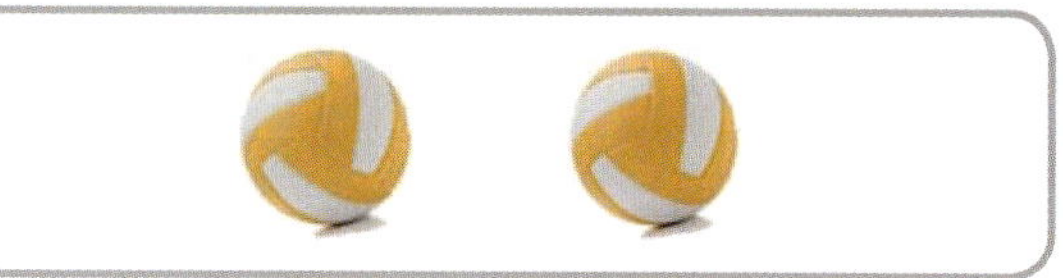

1 2 3 4 5

1 2 3 4 5

1 2 3 4 5

🌳 동물을 세어 ◻ 안에 알맞은 수를 쓰세요.

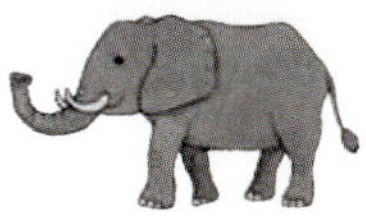

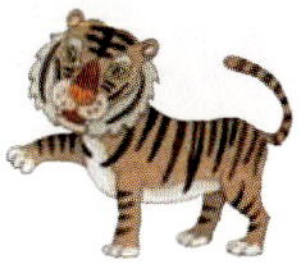

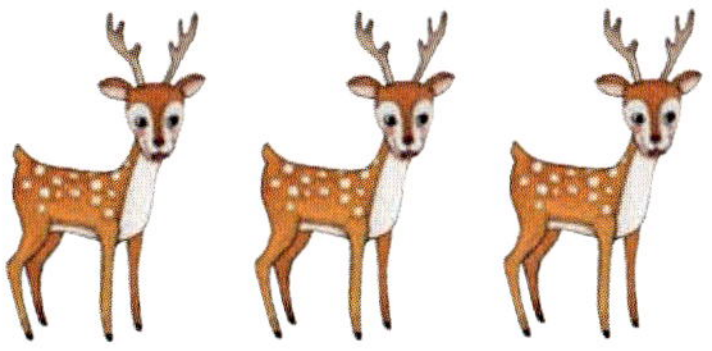

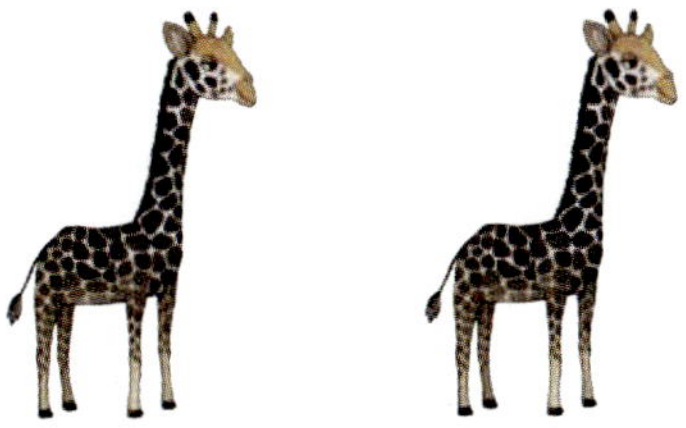

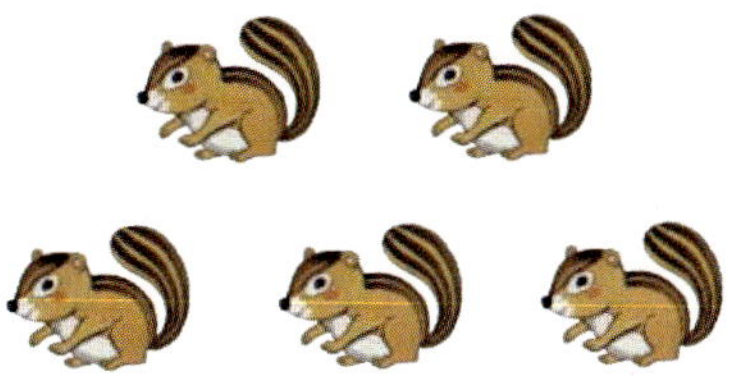

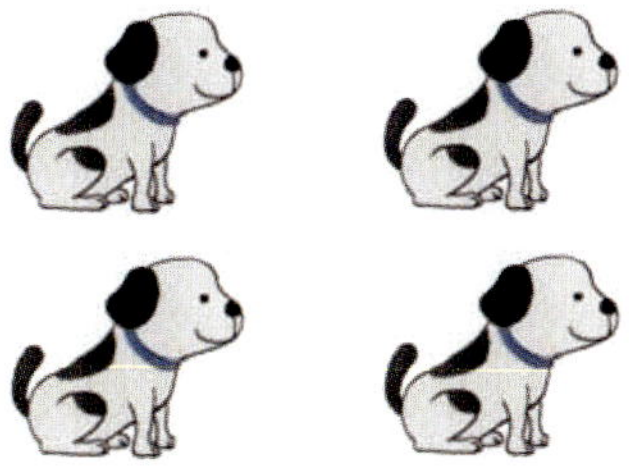

태경이는 수만큼 그림을 색칠해요.

🌳 **다음 수만큼 붙임 딱지를 붙이세요.** ➡ 책 앞에 있는 붙임 딱지를 사용하세요.

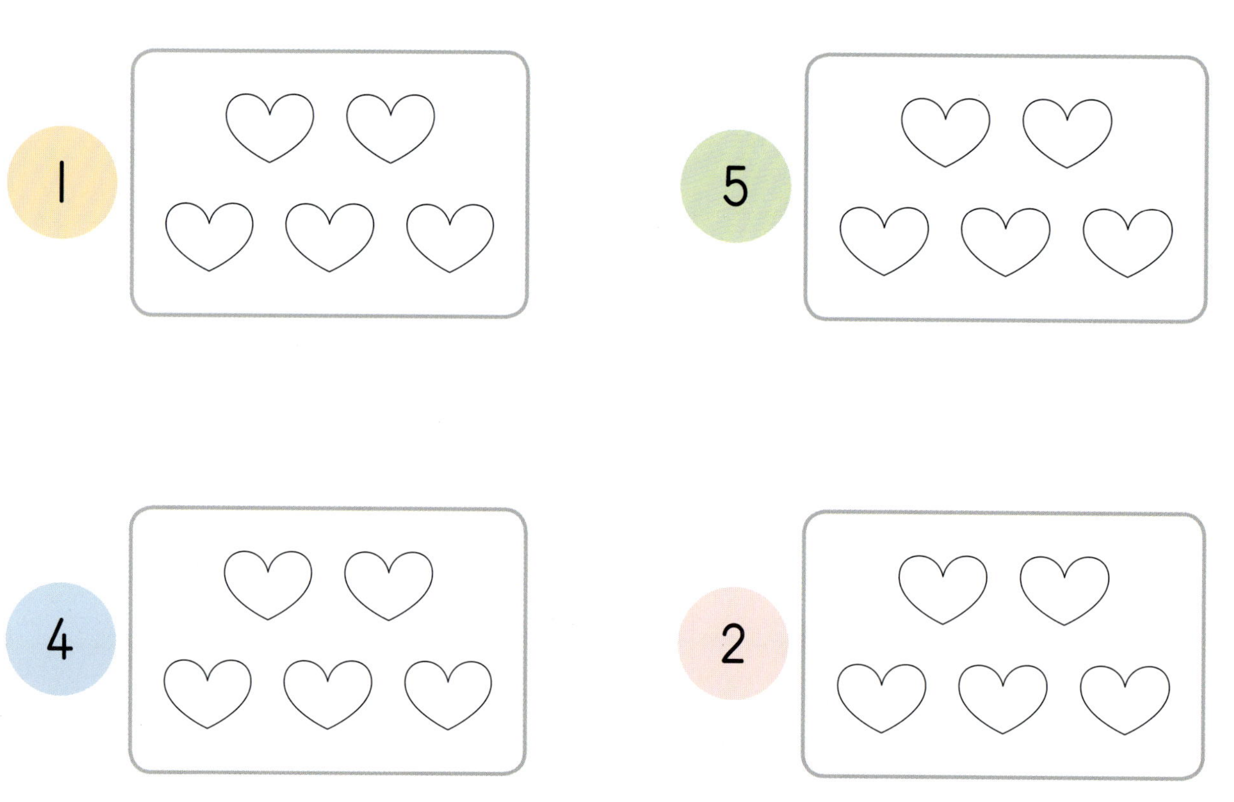

지오는 색칠된 동그라미를 세어 수를 쓰고 있어요.

4

하나 둘 셋 넷

색칠된 동그라미를 세어 ▢ 안에 알맞은 수를 쓰세요.

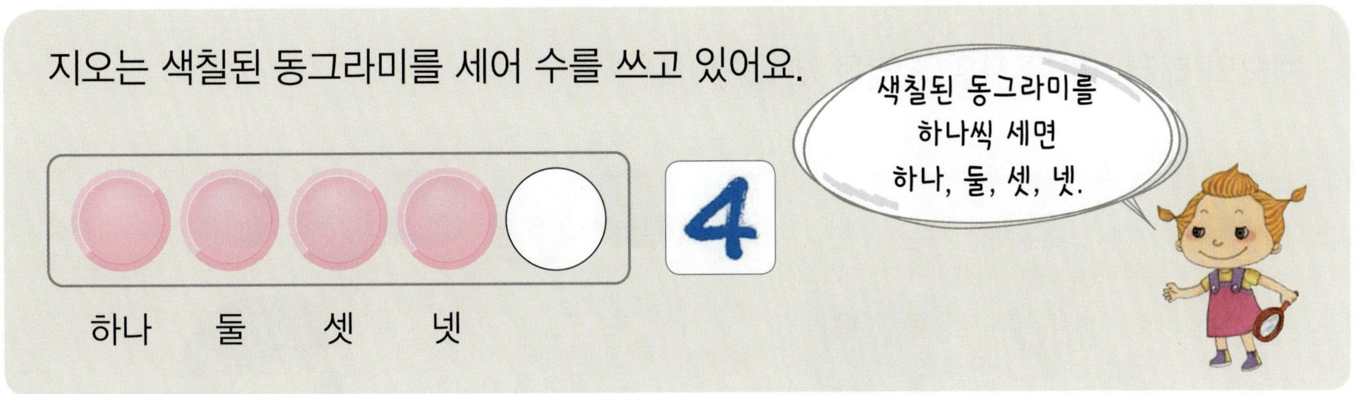

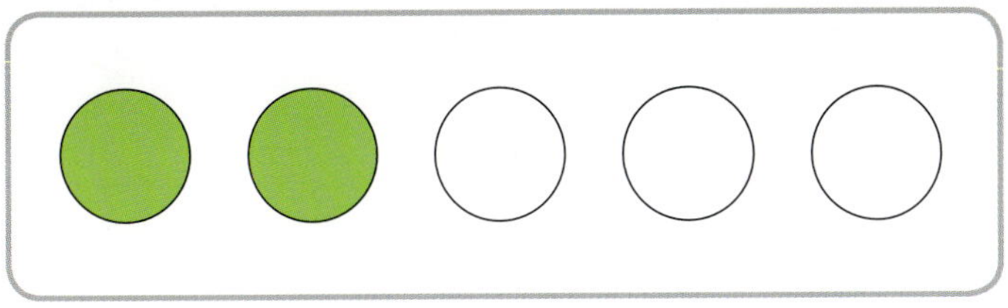

▢

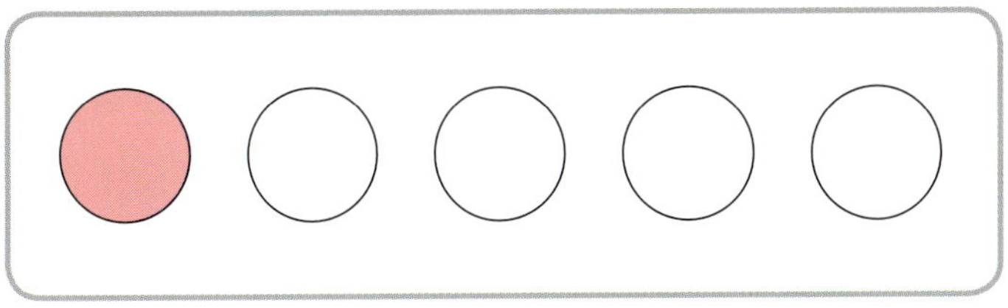

▢

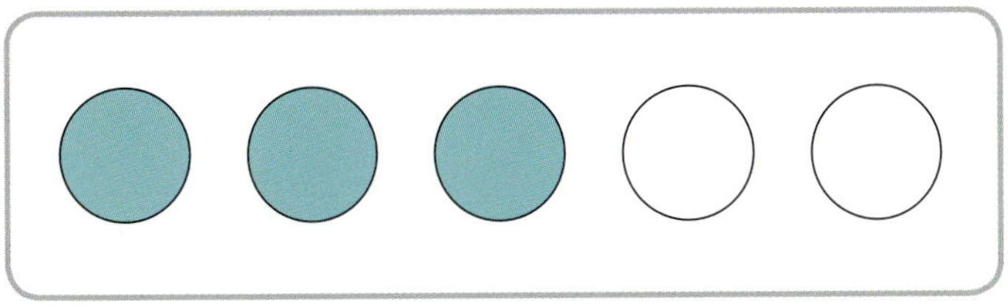

▢

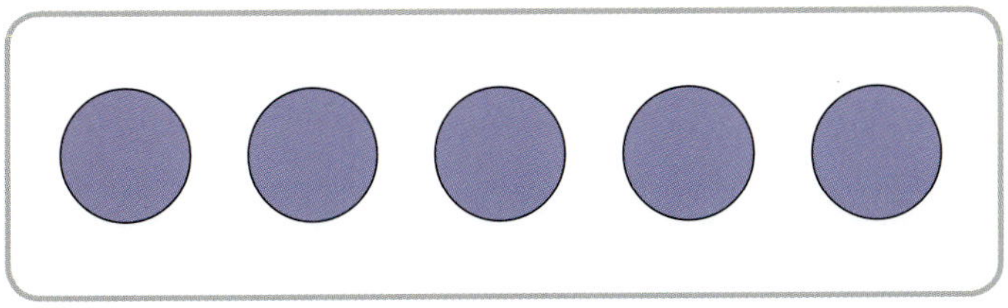

▢

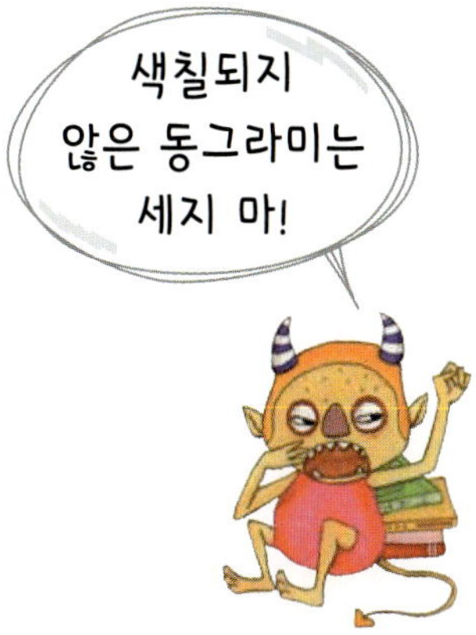

공부한 날

월

일

주사위의 점과 수

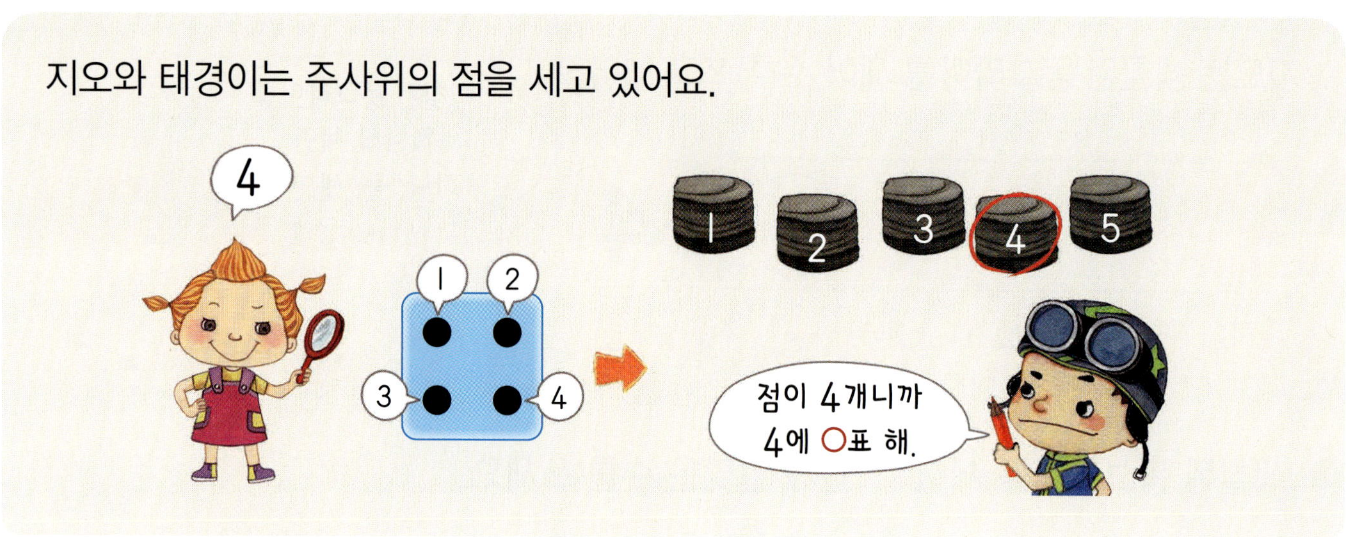

🌳 점의 개수에 맞는 수를 찾아 ○표 하세요.

1   2   3   4   5

🌳 주사위의 점을 세어 ☐ 안에 알맞은 수를 쓰세요.

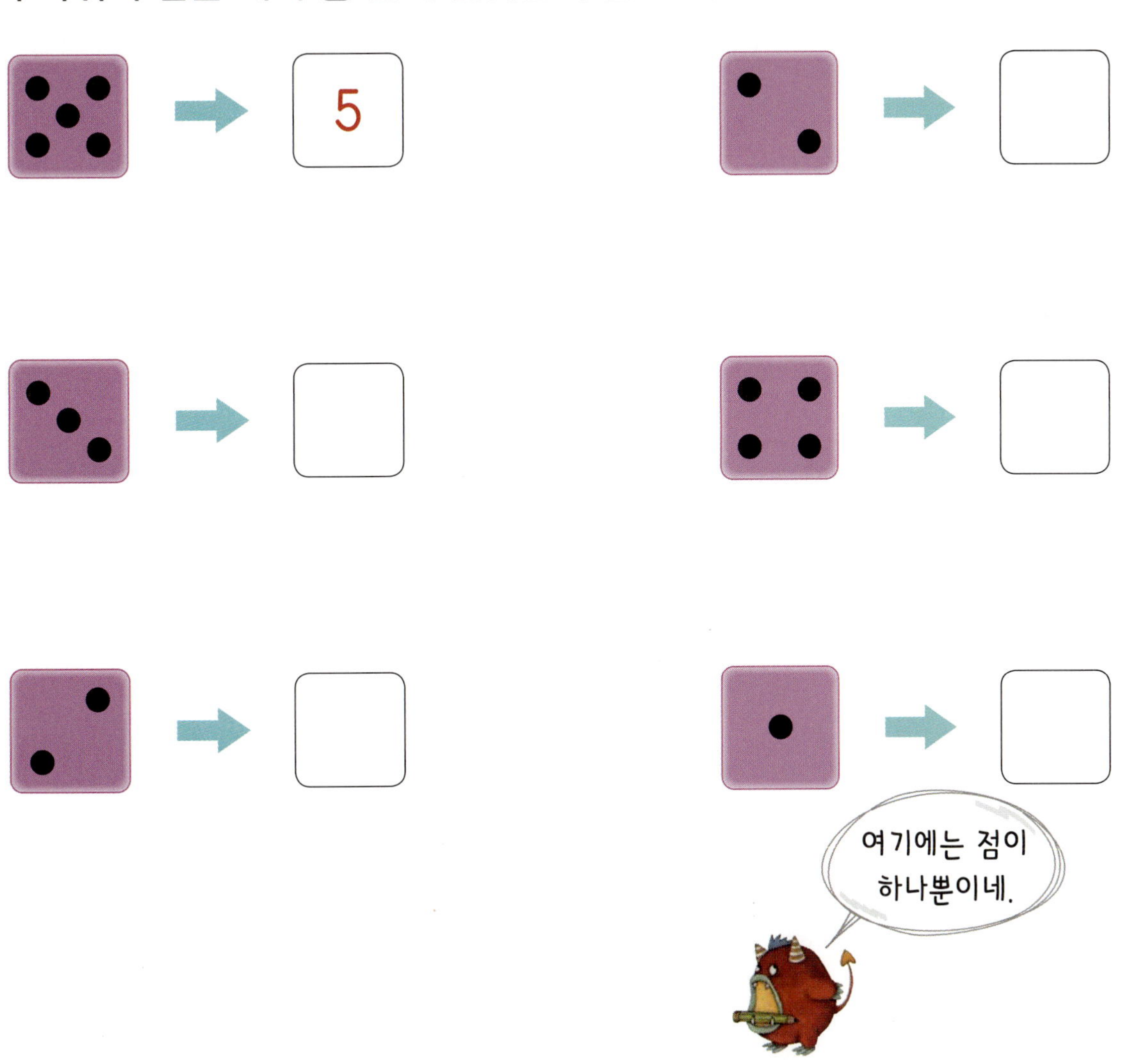

🌳 수가 나타내는 주사위를 찾아 선을 그으세요.

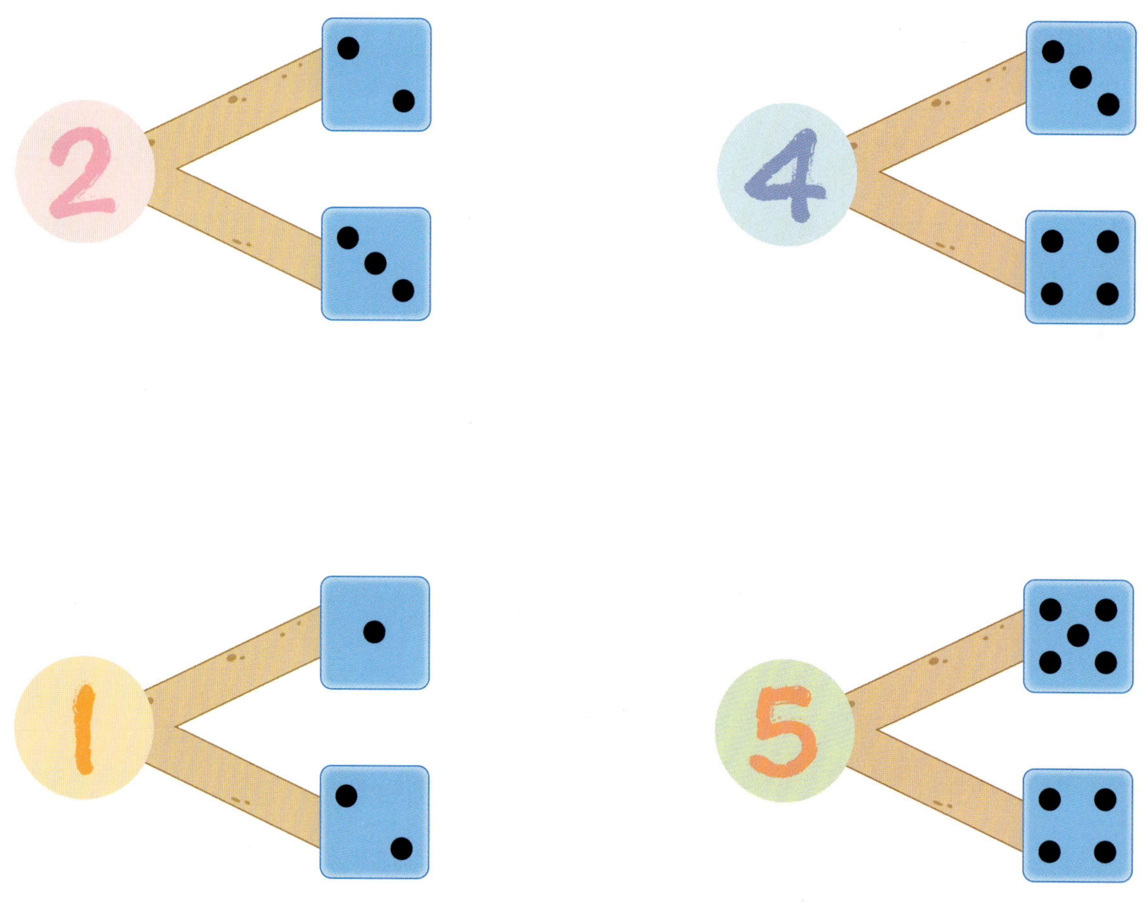

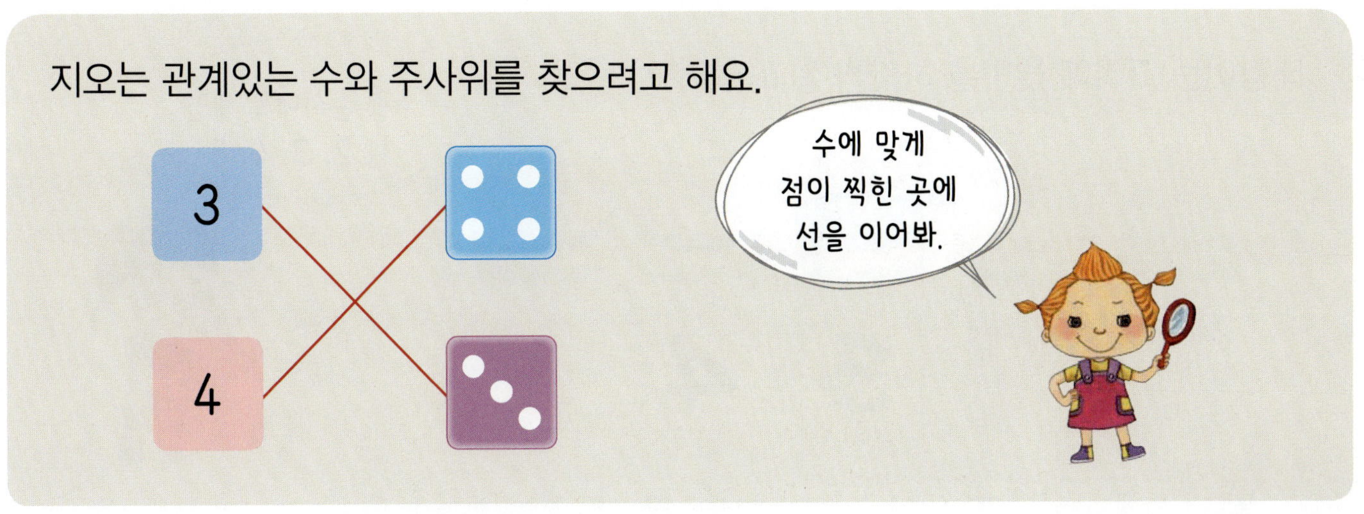

지오는 관계있는 수와 주사위를 찾으려고 해요.

🌳 수에 알맞은 주사위를 찾아 선으로 이으세요.

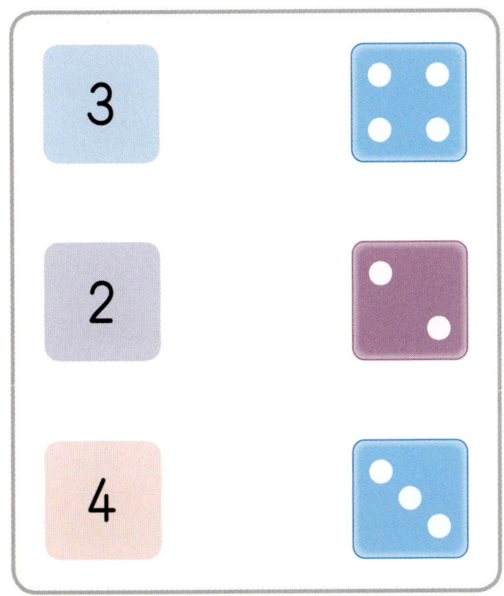

4 순서대로 세기

🌳 원반을 세어 ◯ 안에 알맞은 수를 쓰세요.

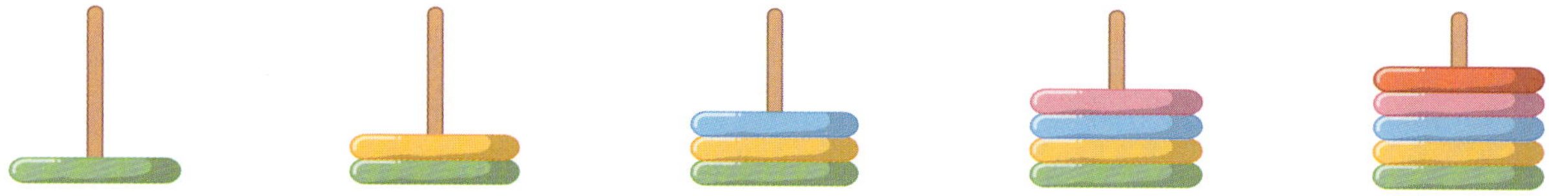

| 1 | 2 | 3 | | 5 |

| 1 | 2 | | 4 | 5 |

| 1 | | 3 | 4 | 5 |

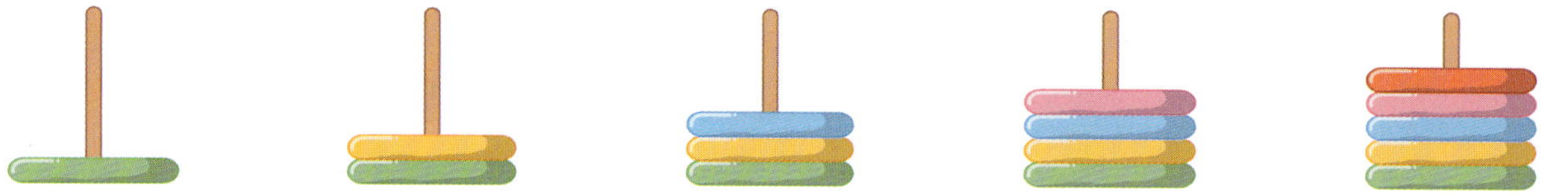

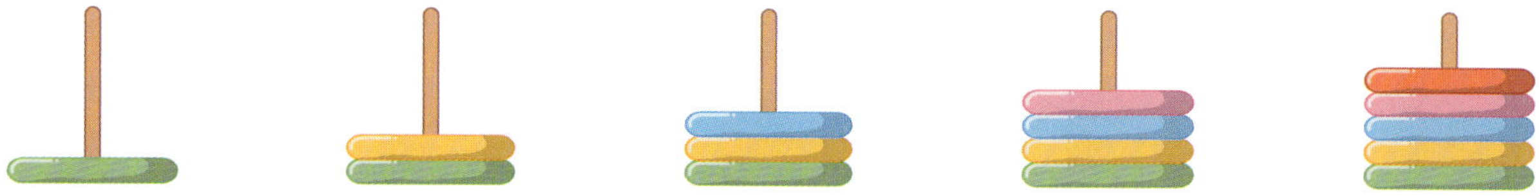

🌱 수의 순서대로 ☐ 안에 알맞은 수를 쓰세요.

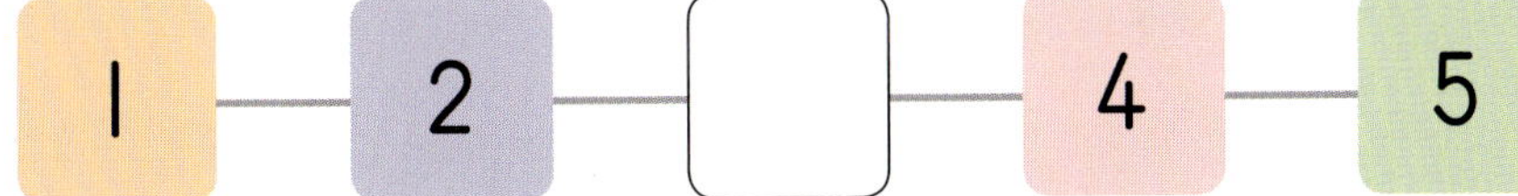

아이들이 장난감 기차를 타고 있어요.

🌳 수의 순서대로 빈 곳에 알맞은 수를 쓰세요.

태경이는 블록을 쌓은 순서대로 수를 쓰고 있어요.

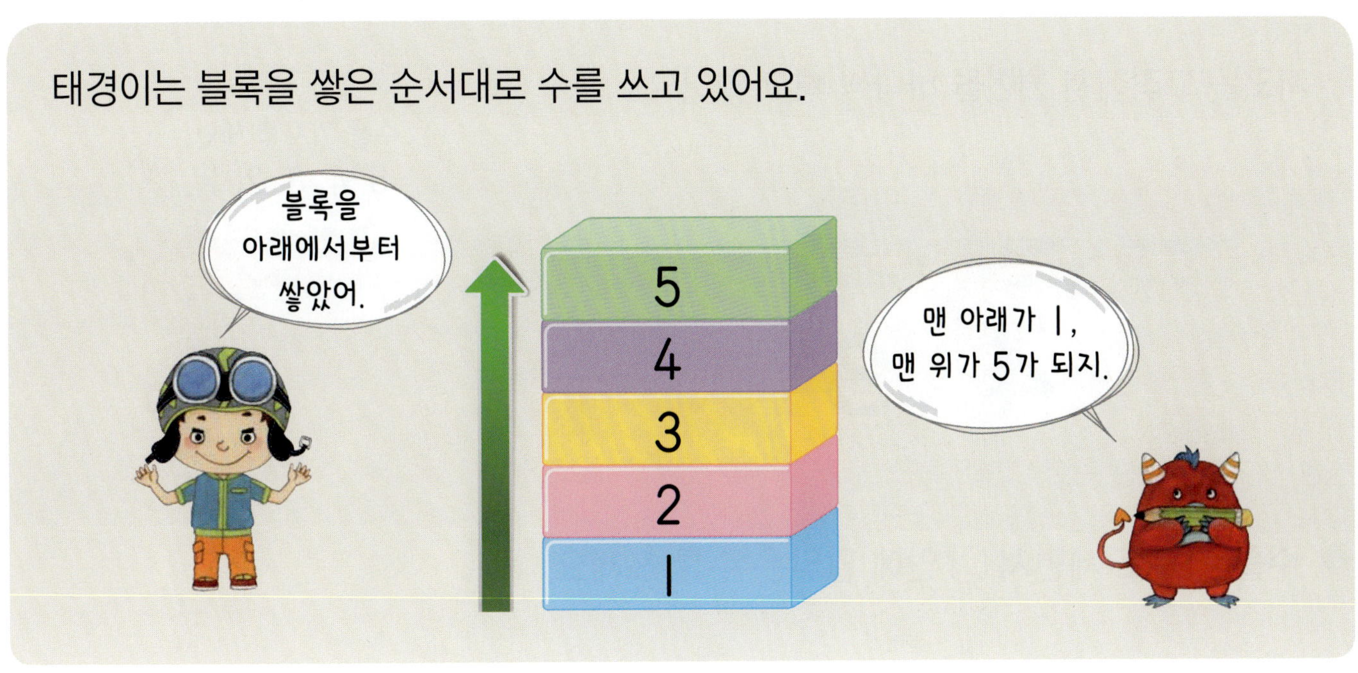

🌱 수의 순서대로 빈 곳에 알맞은 수를 쓰세요.

🌳 수를 거꾸로 세면서 ◯ 안에 알맞은 수를 쓰세요.

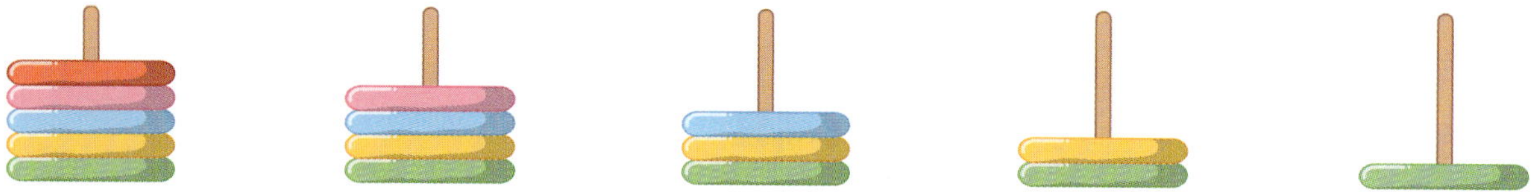

| 5 | | 3 | 2 | 1 |

| 5 | 4 | | 2 | 1 |

| 5 | 4 | 3 | 2 | |

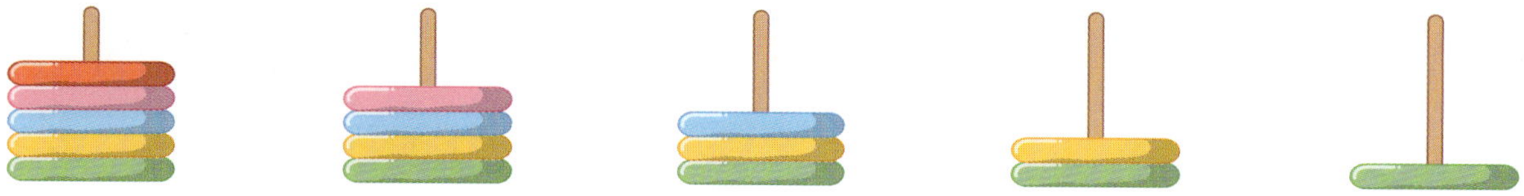

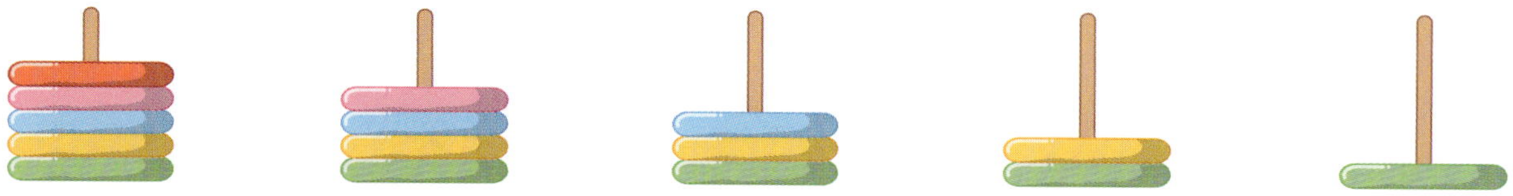

🌱 수를 거꾸로 세면서 ☐ 안에 알맞은 수를 쓰세요.

5 — 4 — ☐ — 2 — 1

5 — 4 — 3 — 2 — ☐

5 — 4 — 3 — ☐ — 1

☐ — 4 — 3 — 2 — 1

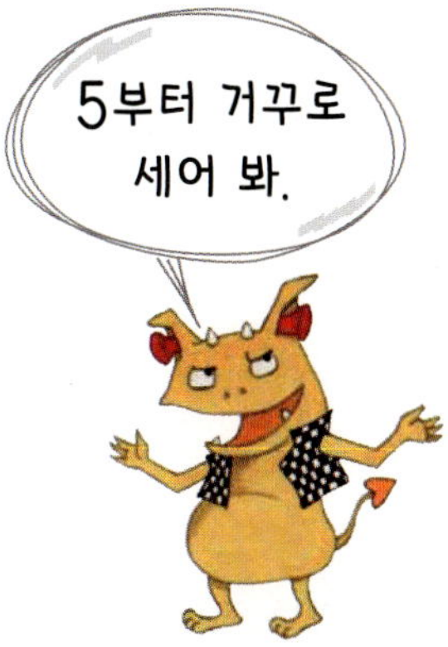

🌳 수를 거꾸로 세면서 빈 곳에 알맞은 수를 쓰세요.

🌳 수를 거꾸로 세면서 빈 곳에 알맞은 수를 쓰세요.

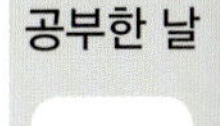

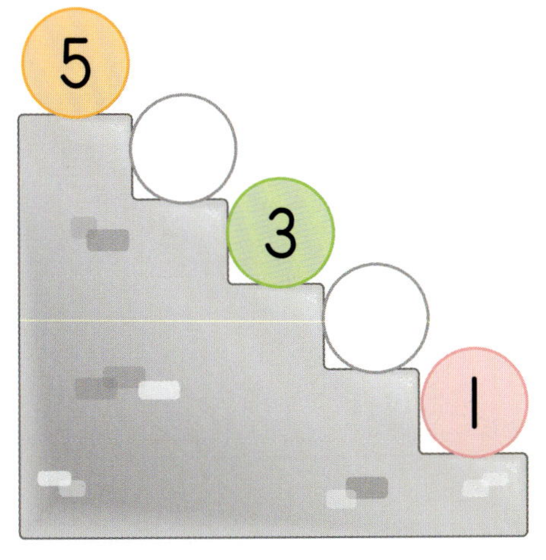

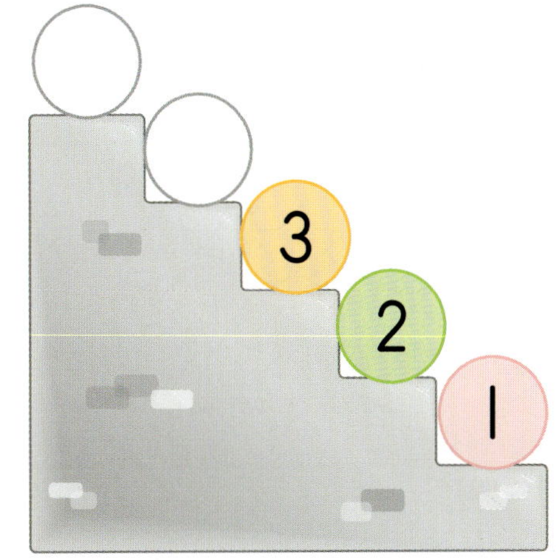

무엇을 배웠을까요

🌲 펼친 손가락이 나타내는 수를 ☐ 안에 쓰세요.

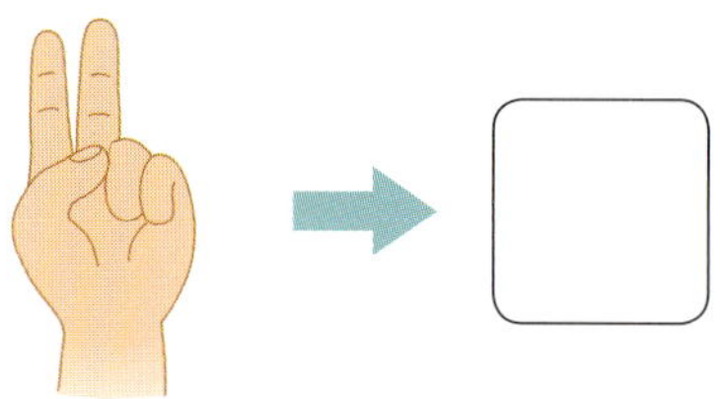

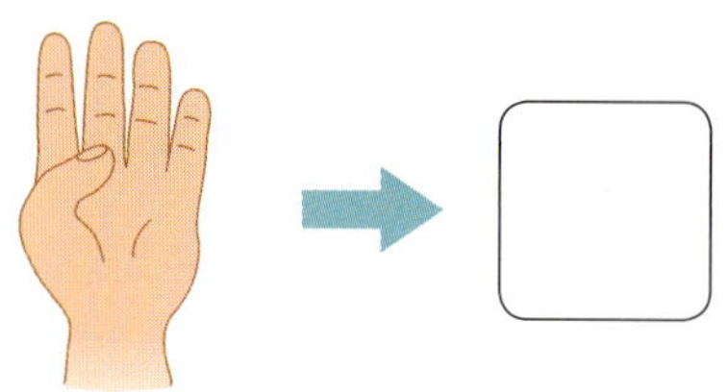

🌲 색칠된 동그라미를 세어 알맞은 수에 ◯표 하세요.

1 2 3 4 5

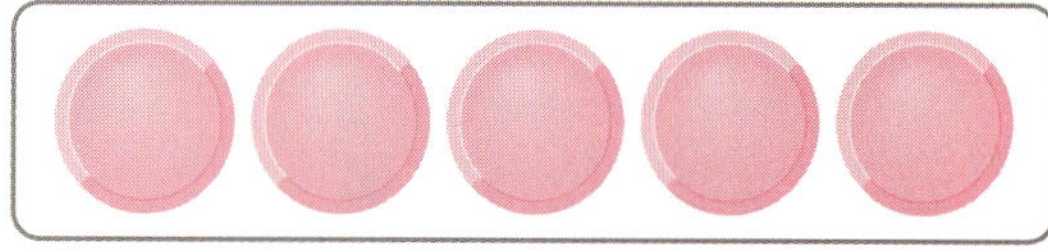

1 2 3 4 5

🌲 다음 수만큼 그림을 색칠하세요.

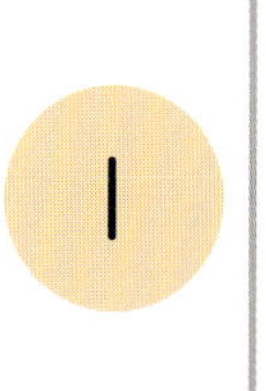

🌲 주사위의 점을 세어 ☐ 안에 알맞은 수를 쓰세요.

🌲 수의 순서대로 빈 곳에 알맞은 수를 쓰세요.

🌲 수를 거꾸로 세면서 ☐ 안에 알맞은 수를 쓰세요.

공부한 날
월
일

연산력 게임

과일은 모두 몇 개일까요

과일의 수를 세면 모두 몇 개일까요?

아래쪽에서 알맞은 수를 찾아 손가락으로 누르세요. 5를 누르면 정답입니다.

지붕의 수만큼 색칠해 보세요.

가운데 빈 그림을 눌러 색칠한 후 확인 버튼을 누르세요. 5칸을 색칠하면 정답입니다.

색칠해 볼까요

I0까지의 수

▶ 연산 보충 학습(104~105쪽)에서 더 풀어 보세요.

학부모 지도 가이드

이 차시에서는 5부터 I0까지 수의 수량 감각을 기릅니다.

손가락의 수 세기, 그림의 수 세기, 동전의 수 세기를 연습하여 수량 감각을 길러주세요.

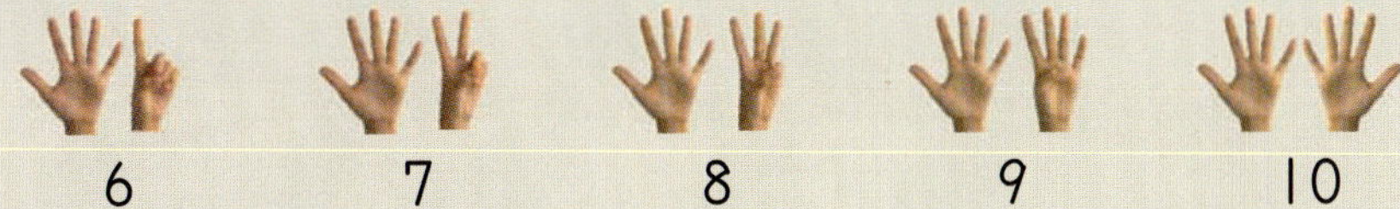

또한 6 → 7 → 8 → 9 → I0의 순서를 배우고 난 후 거꾸로 수 세기를 학습하면 수를 구조적으로 익히는 데 도움이 됩니다.

손가락으로 세기

🌱 펼친 손가락의 수만큼 나뭇잎에 ✕표 하세요.

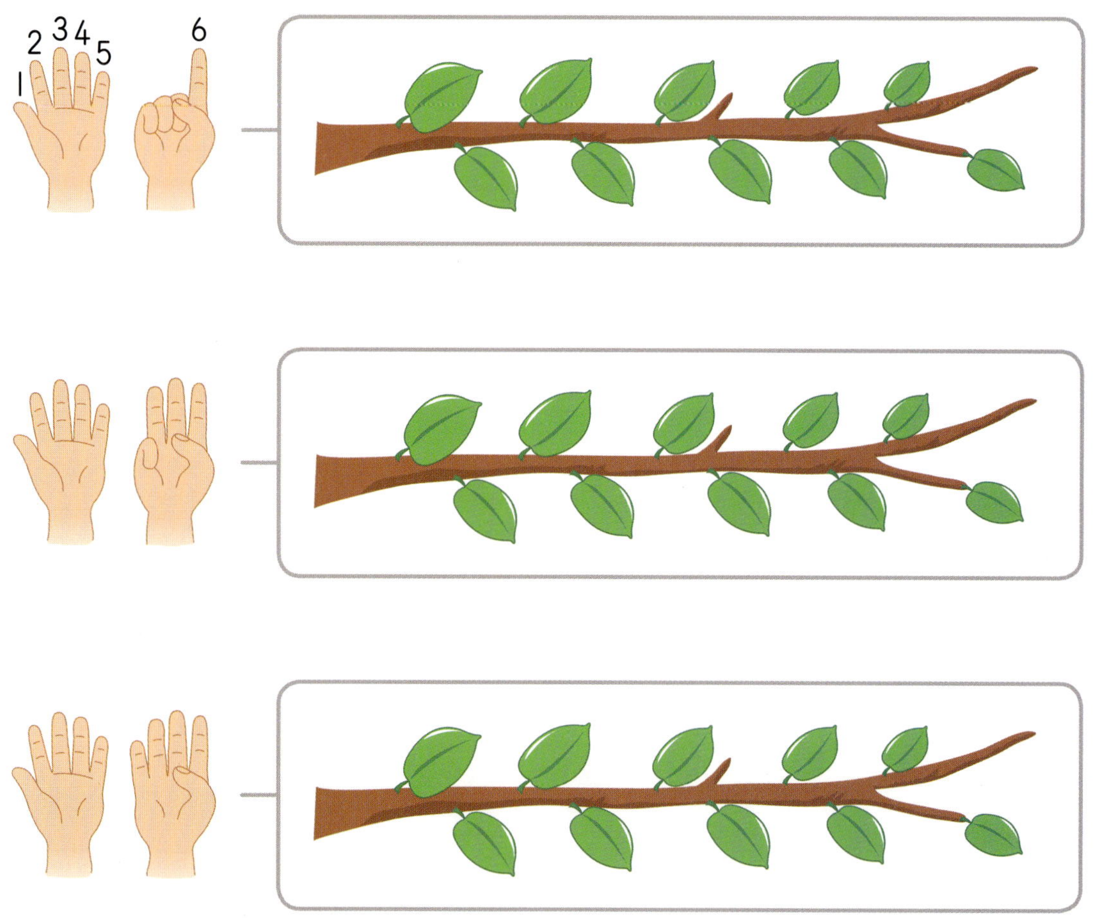

🌳 펼친 손가락이 몇 개인지 세어 빈칸에 ◯표 하세요.

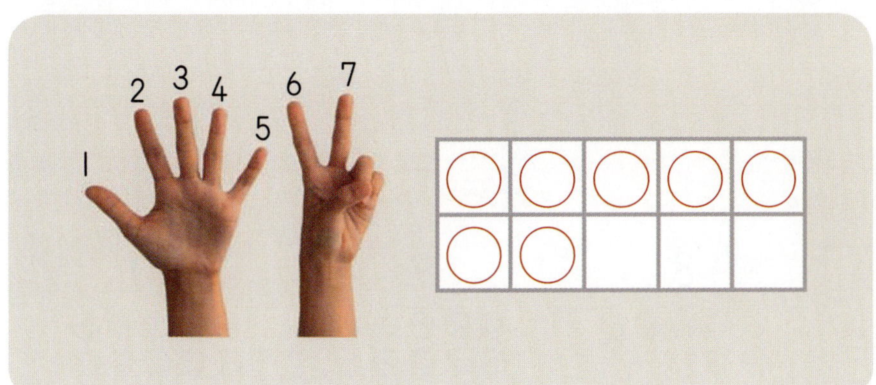

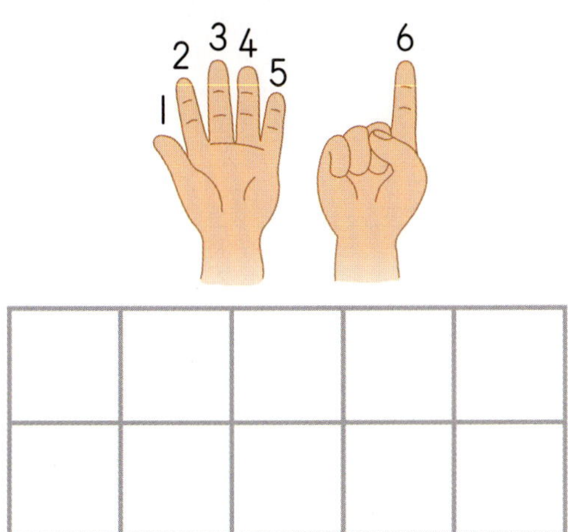

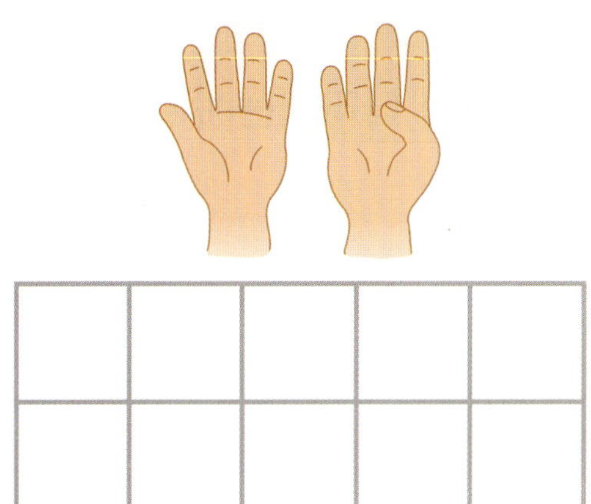

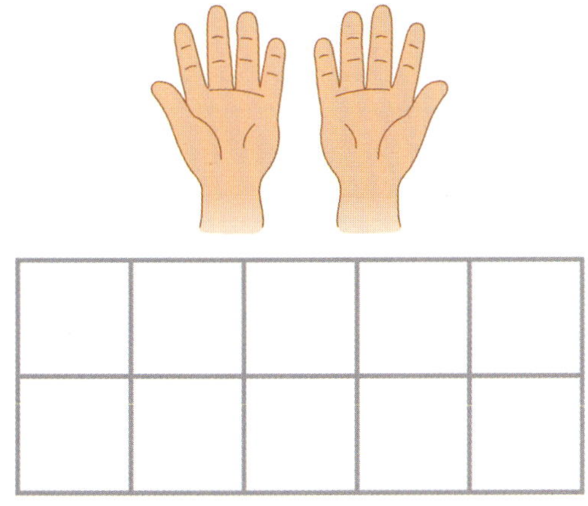

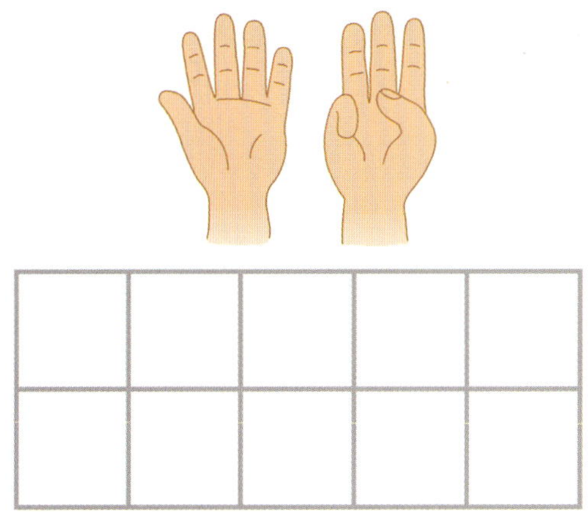

손가락으로 수를 세고 읽어 보세요.

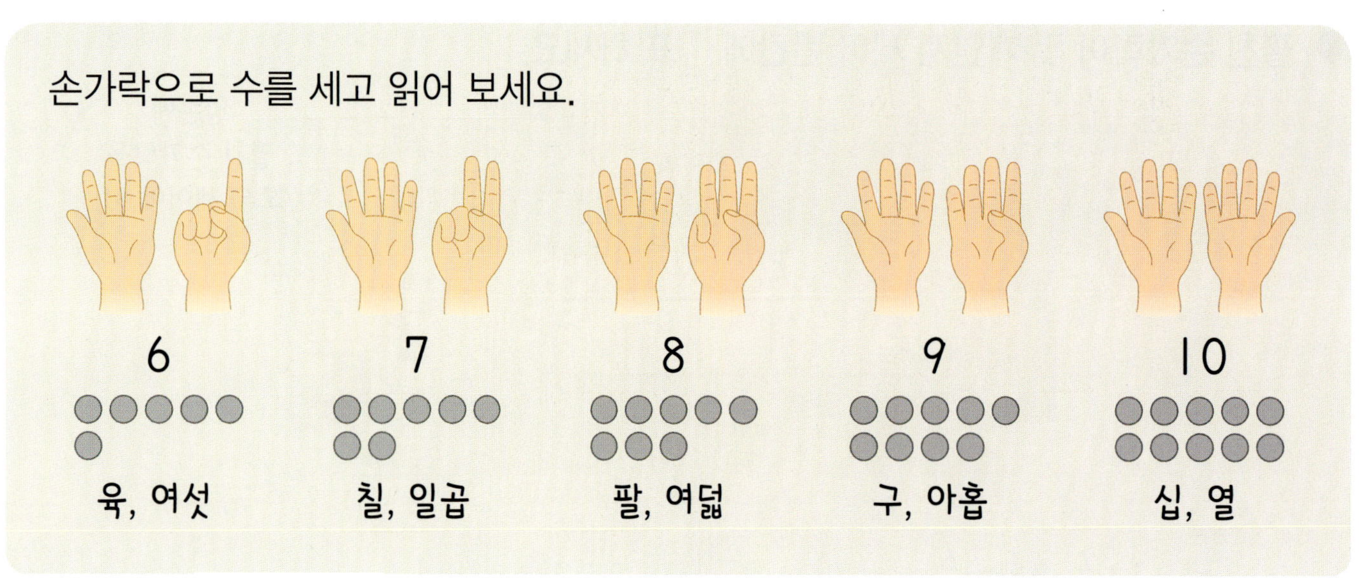

🌳 손가락이 나타내는 수를 읽고 따라 쓰세요.

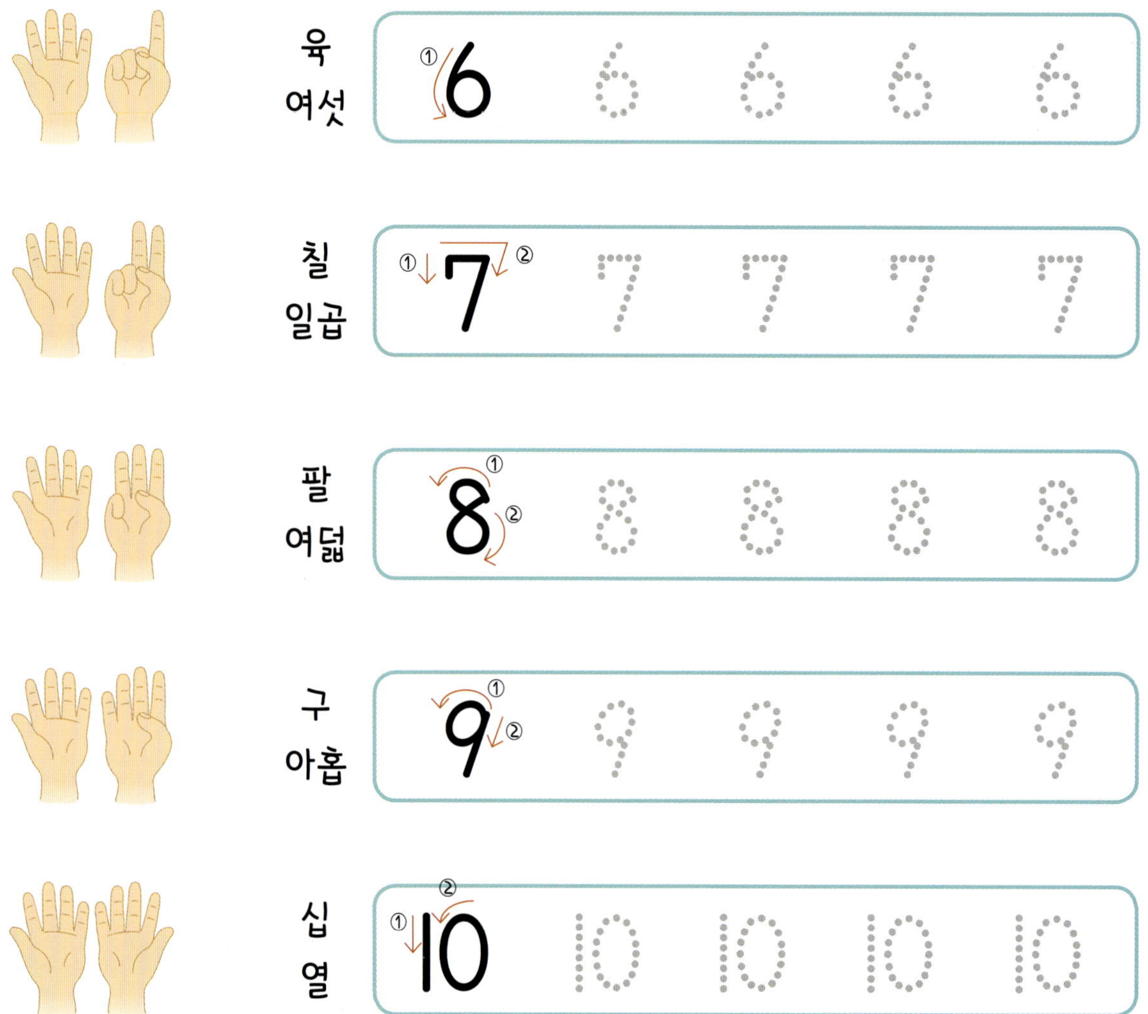

손가락이 나타내는 수를 ☐ 안에 쓰세요.

하나, 둘, 셋, 넷,
다섯, 여섯, 일곱, 여덟!

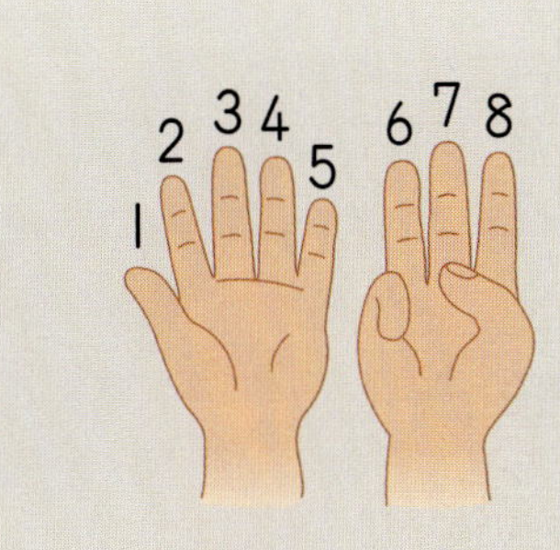

2 3 4
1   5   6 7 8
8

펼친 손가락의
수는 8이야.

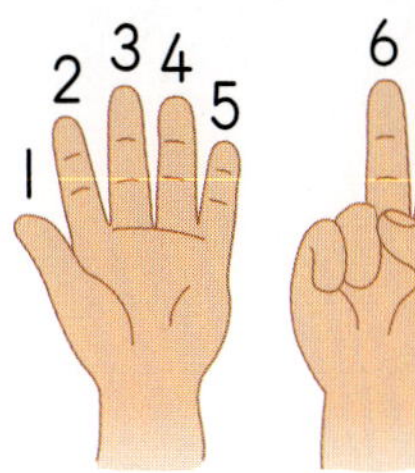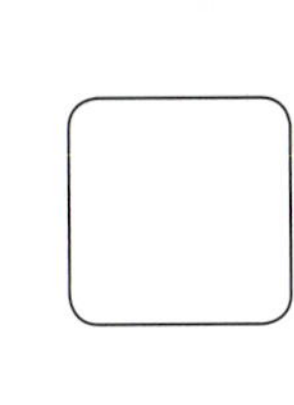

2 3 4
1   5   6 7

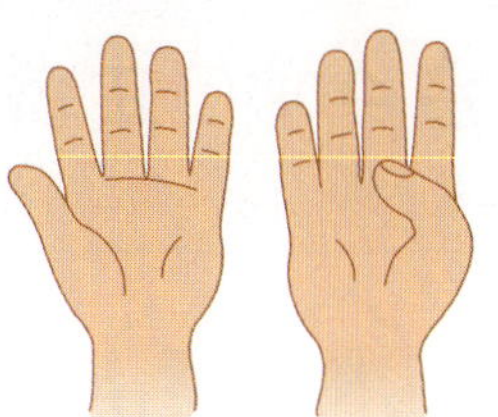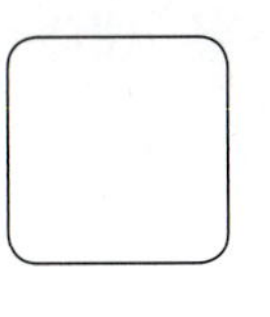

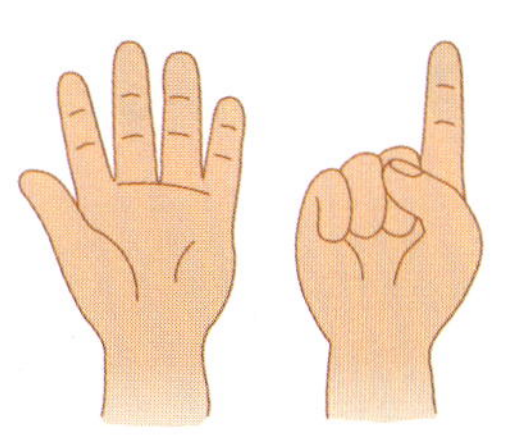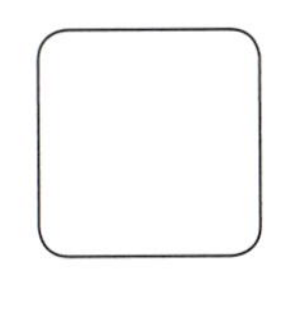

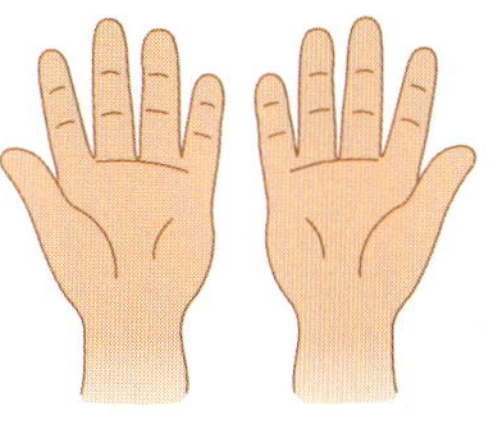

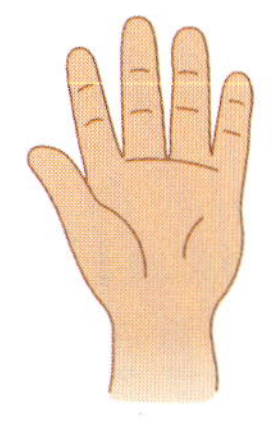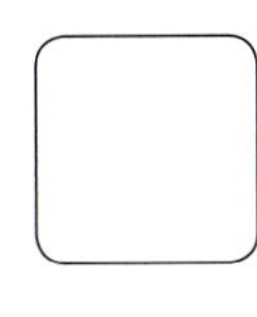

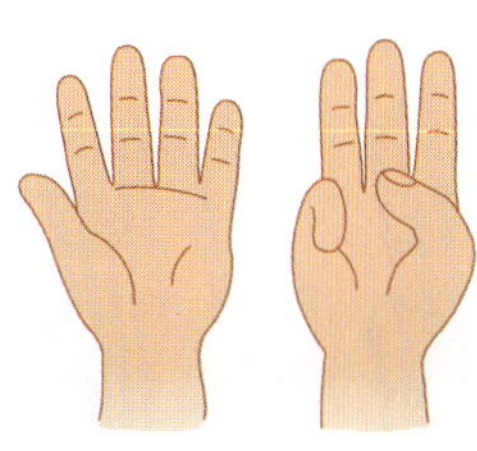

공부한 날
월
일
참! 잘했어요

🌳 공을 세어 알맞은 수에 ○표 하세요.

6 7 8 9 10

6 7 8 9 10

6 7 8 9 10

6 7 8 9 10

🌳 **그림의 수를 세어 ☐ 안에 알맞은 수를 쓰세요.**

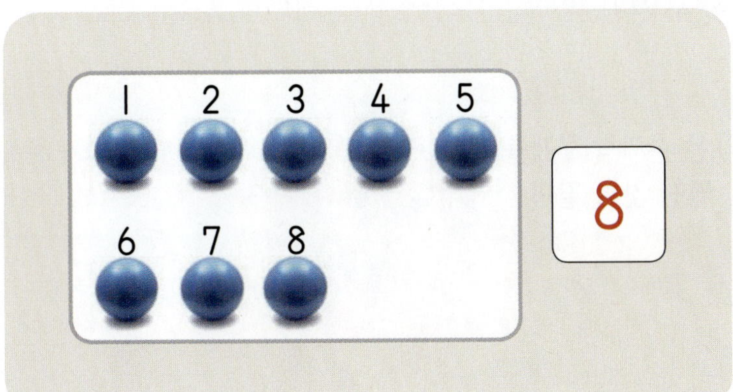

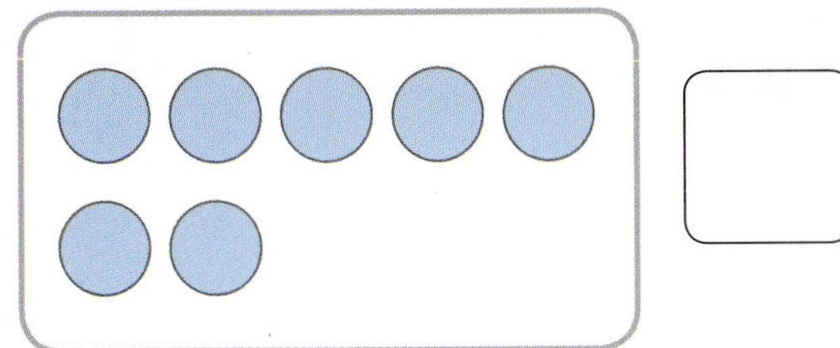

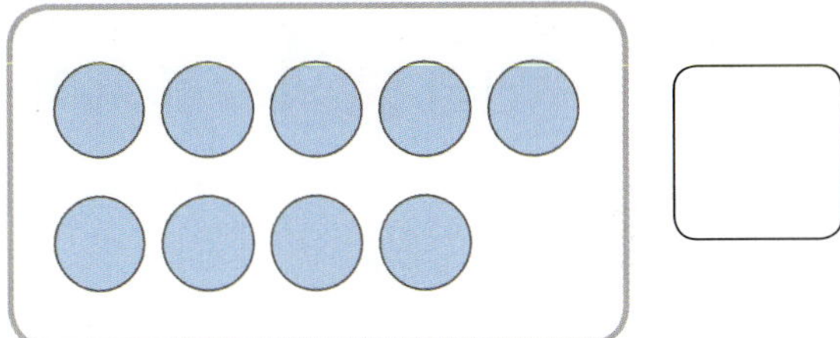

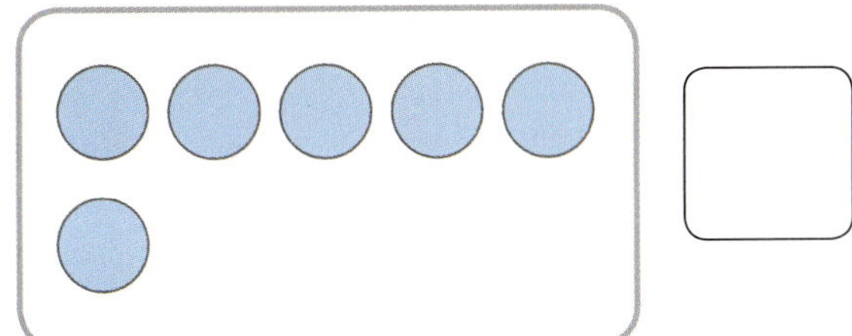

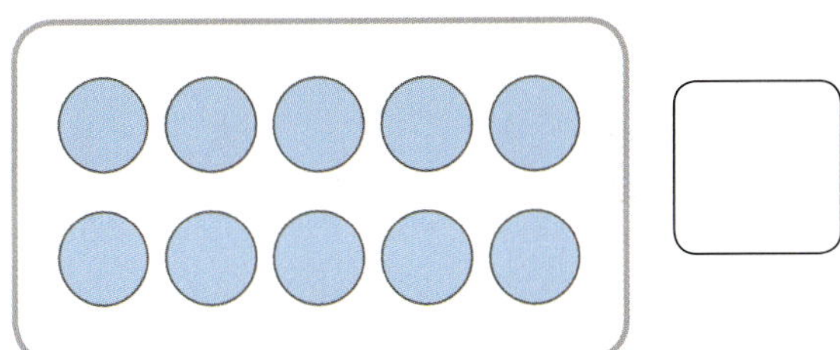

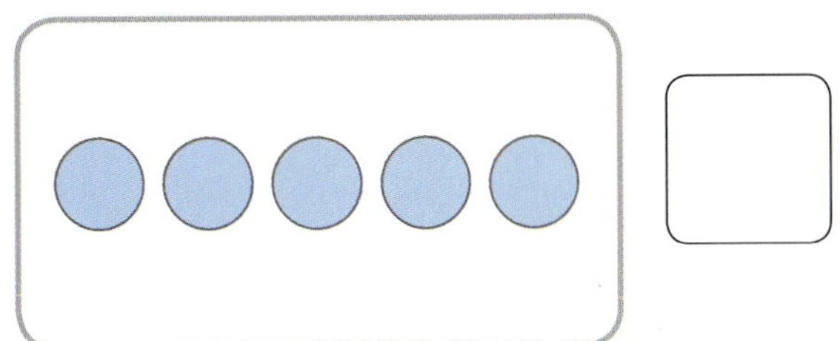

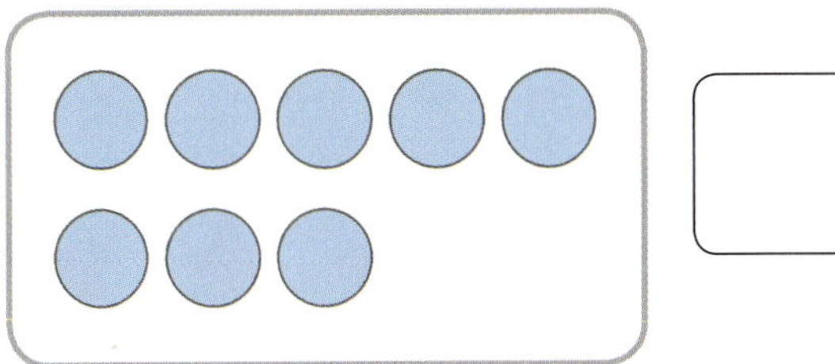

🌳 주어진 수만큼 ⭐의 수를 세어 ⬭로 묶으세요.

9

6

10

8

🌱 **주어진 수만큼 붙임 딱지를 붙이세요.** ➡

동전의 금액 세기

🌳 동전이 몇 개인지 ☐ 안에 알맞은 수를 쓰세요.

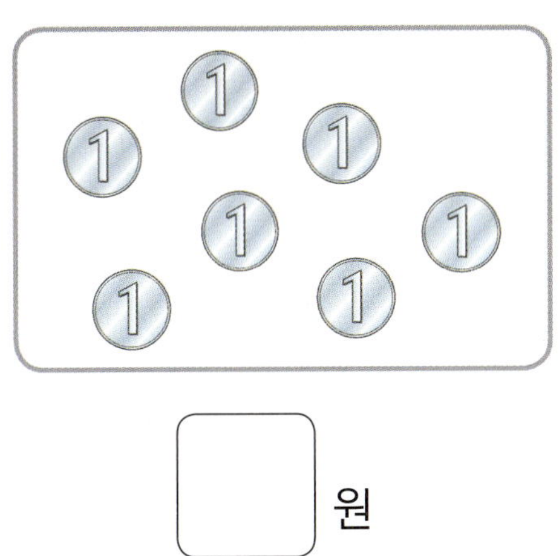
☐ 원

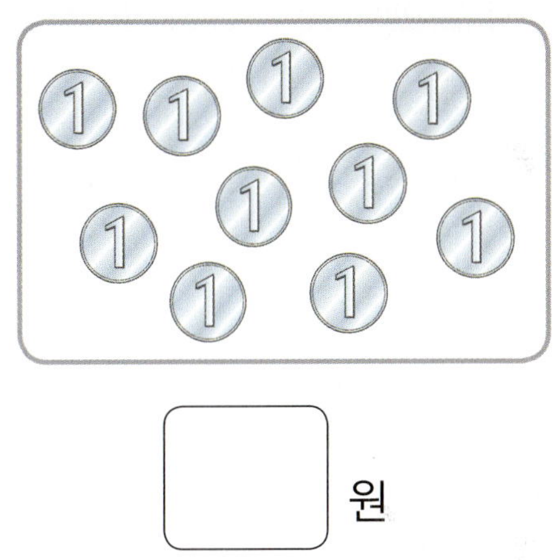
☐ 원

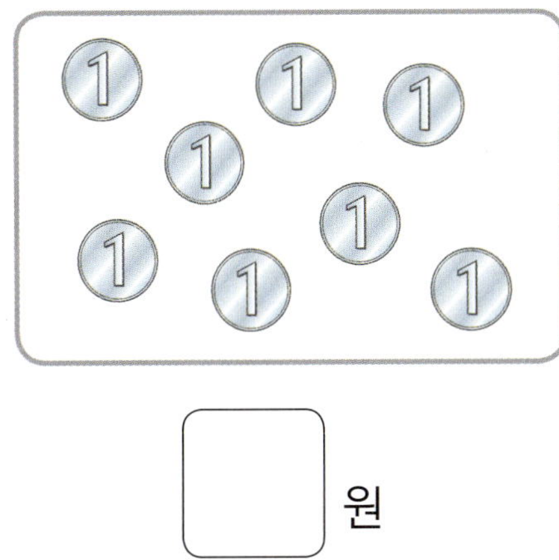
☐ 원

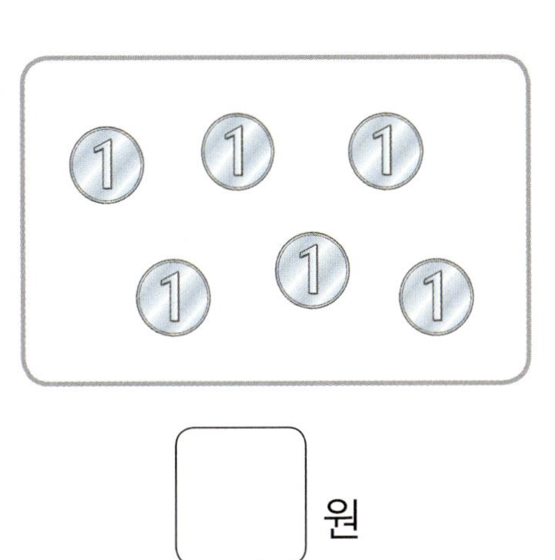
☐ 원

🌱 **주어진 금액만큼 1원짜리 붙임 딱지를 붙이세요.**

6원

9원

10원

7원

5원

8원

6원

l원짜리 동전이
6개면 6원이야.

9원

8원

l0원

7원

공부한 날
월
일

9 순서대로 세기

🌳 수의 순서대로 빈 곳에 알맞은 수를 쓰세요.

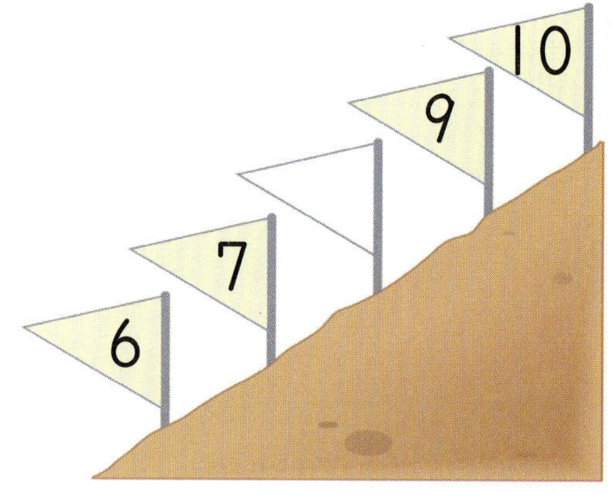

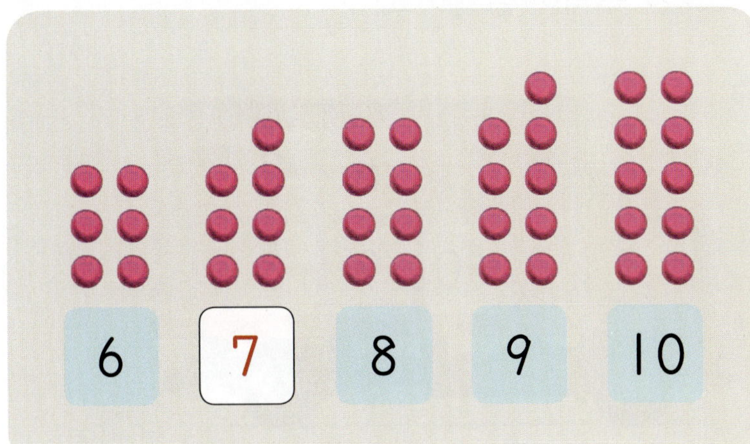

6 7 8 9 ☐

6 7 ☐ 9 10

6 7 8 ☐ 10

☐ 7 8 9 10

6 ☐ 8 9 10

6 7 8 9 ☐

5 6 7 8 ☐

5 6 7 ☐ 9

6부터 I0까지의 수를 순서대로 선을 그으면 트럭이 출발해요.

🌳 6부터 I0까지의 수를 순서대로 선을 그으세요.

1부터 10까지의 수를 순서대로 선을 그으세요.

10 거꾸로 세기

수를 거꾸로 세면서 빈칸에 알맞은 수를 쓰세요.

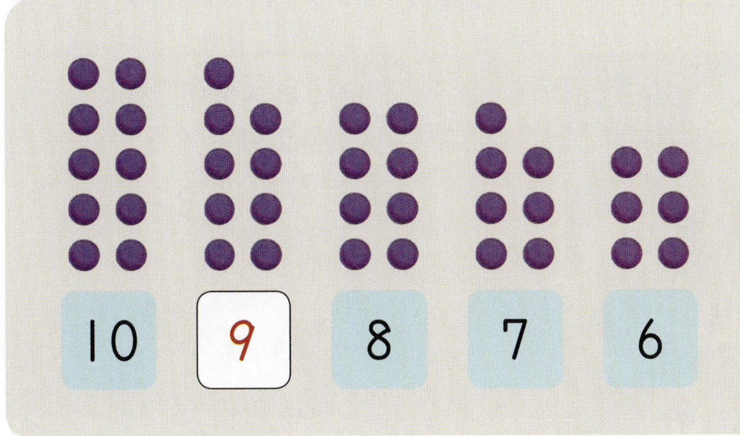

10   9   ☐   7   6   10   9   8   7   ☐

10   9   8   ☐   6   10   ☐   8   7   6

☐   9   8   7   6   10   9   ☐   7   6

9   8   ☐   6   5   9   8   7   ☐   5

동물 친구들이 숫자를 거꾸로 세어 말하고 있어요.

🌳 주어진 수부터 거꾸로 세면서 선을 그으세요.

10부터 6까지

7부터 3까지

9부터 5까지

10부터 6까지

🌱 |0부터 |까지의 수를 거꾸로 세면서 선을 그으세요.

🌲 펼친 손가락의 수만큼 그림을 색칠하세요.

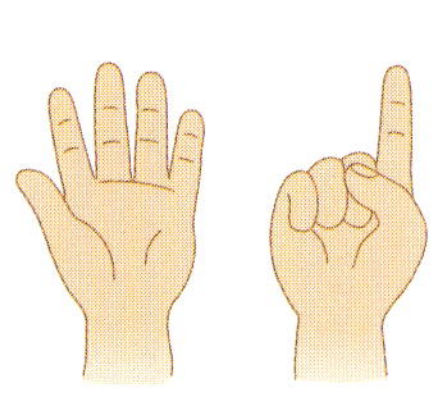 

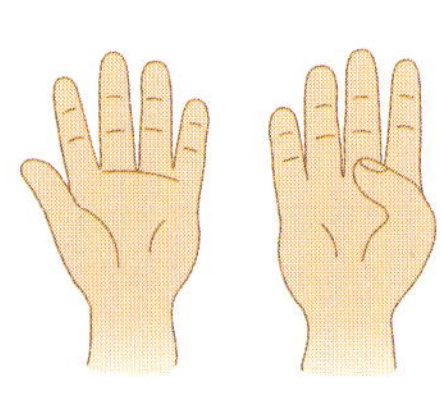 

🌲 토마토와 수박의 수를 각각 세어 알맞은 수에 ◯표 하세요.

(6 7 8 9 10)

(6 7 8 9 10)

🌲 금액을 세어 얼마인지 ◻ 안에 알맞은 수를 쓰세요.

 원

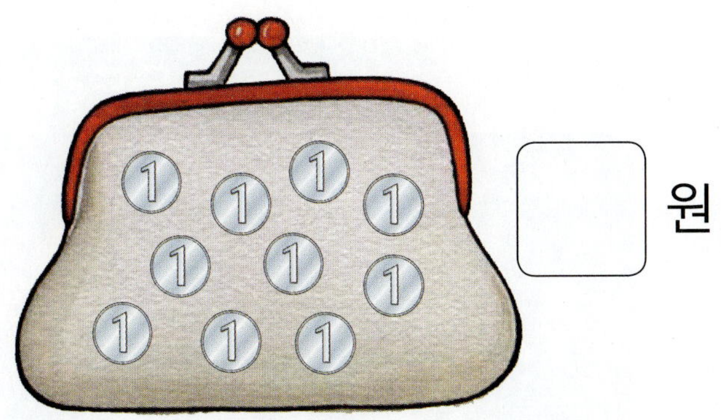 원

🌲 수의 순서대로 빈 곳에 알맞은 수를 쓰세요.

🌲 5부터 10까지의 수를 순서대로 선을 그으세요.

연산력 게임

QR코드를 찍으면 다양한 연산 게임을 할 수 있어요.

실로폰을 두드려요

실로폰에 나타난 수를 읽어 보세요.

주어진 수를 바르게 읽은 것을 찾아 손가락으로 누르세요.
여덟을 고르면 정답입니다.

물건의 수를 세면 모두 몇 개일까요?

아래쪽에서 알맞게 수를 센 것을 찾아 손가락으로 누르세요.
9를 누르면 정답입니다.

모두 몇 개일까요

15까지의 수

▶ 연산 보충 학습(106~107쪽)에서 더 풀어 보세요.

학부모 지도 가이드

이 차시에서는 11~15까지의 수를 읽고 쓰는 방법과 수의 순서를 공부합니다.

15 ●●●●●●●●●● ●●●●●

10을 묶은 후 남은 수를 세어 15까지의 수를 세는 연습을 하며 15까지의 수에 대한 수 감각을 길러 주세요.

구체물을 통해 하나 더 많은 수와 하나 더 적은 수를 알아보면서 수의 순서도 자연스럽게 이해시키고 순서대로 선을 그어 그림을 완성하는 놀이를 통해 재미있게 훈련시킵니다.

10보다 큰 수

나비들이 날아가고 있어요.

🌳 그림을 보고 ⬜ 안에 알맞은 수를 쓰세요.

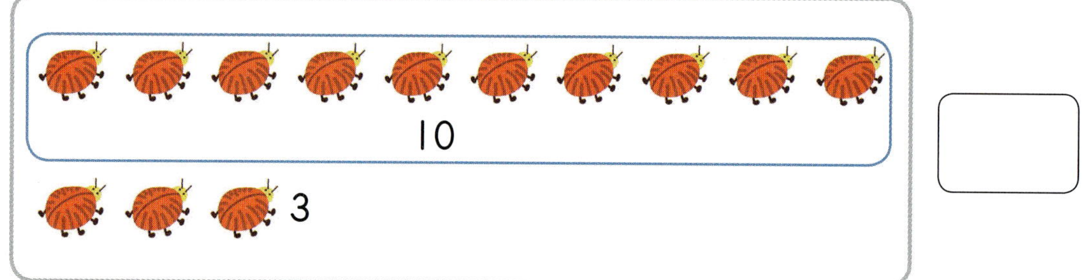

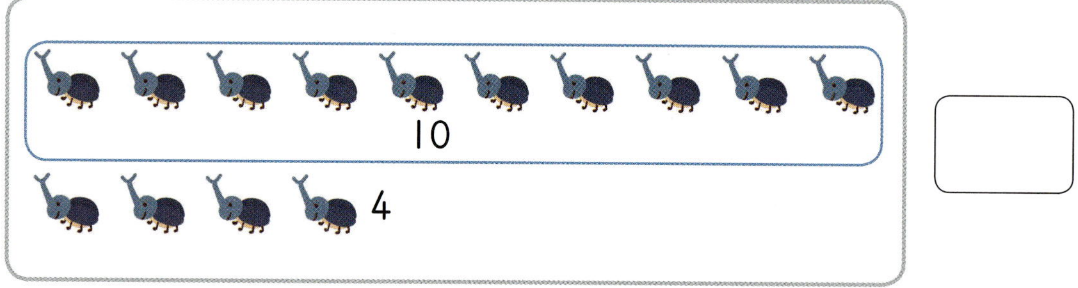

10개를 ◯로 묶고 전체 과일의 수를 □ 안에 쓰세요.

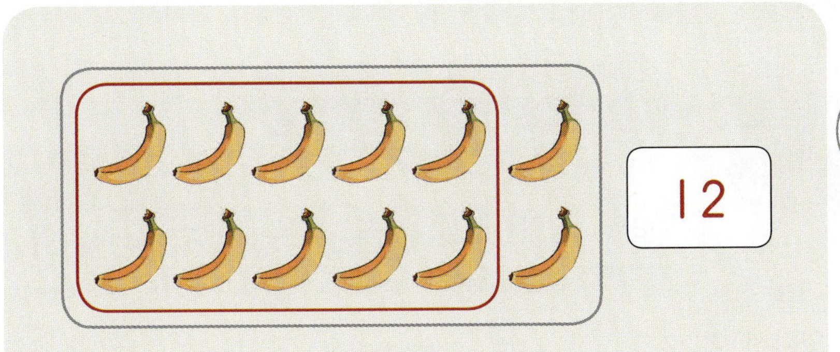

12

지오가 10보다 큰 수를 알아보아요.

🌳 **달걀의 수를 세어 ▢ 안에 알맞은 수를 쓰세요.**

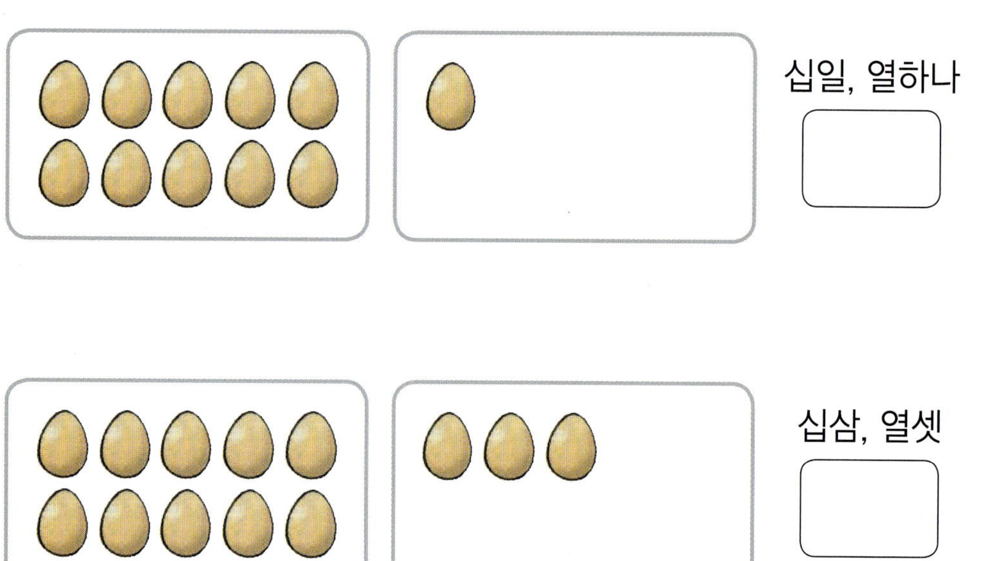
십일, 열하나

십삼, 열셋

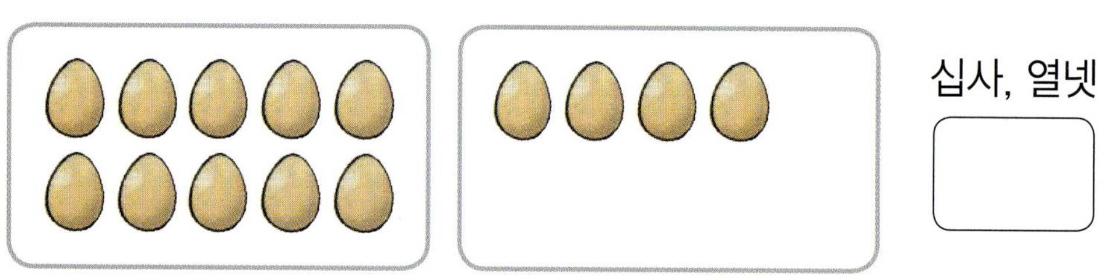
십사, 열넷

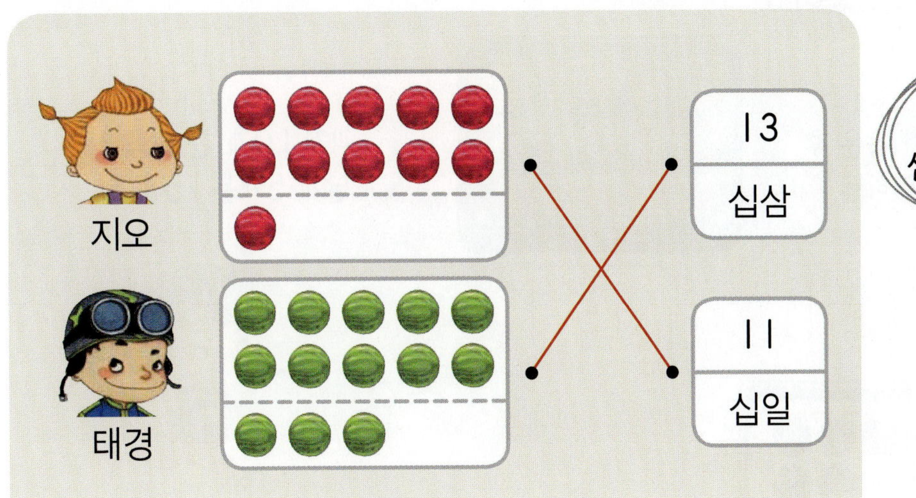

지오
태경
13
십삼
11
십일

10보다 1
큰 수는 11이라 쓰고,
십일 또는 열하나라고 읽어.

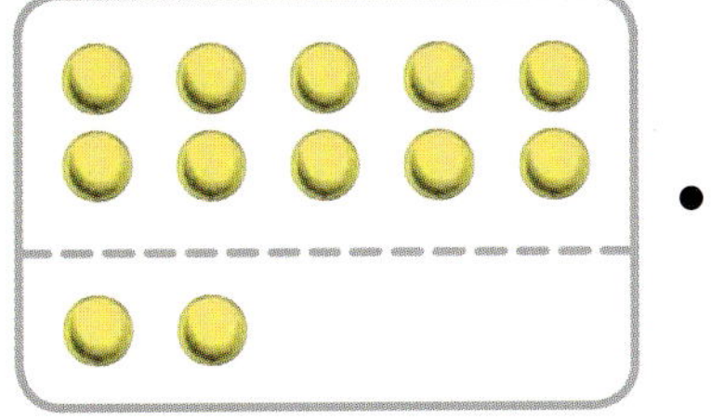

12
십이

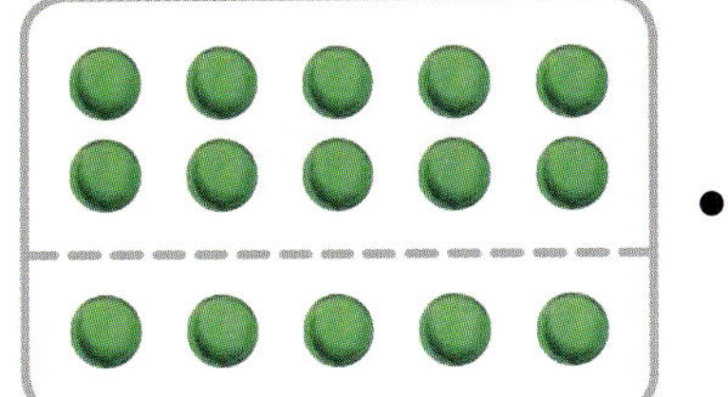

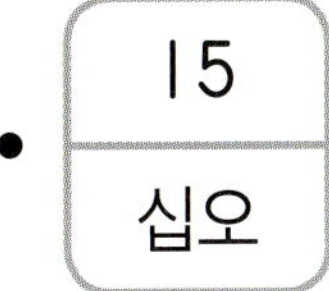

15
십오

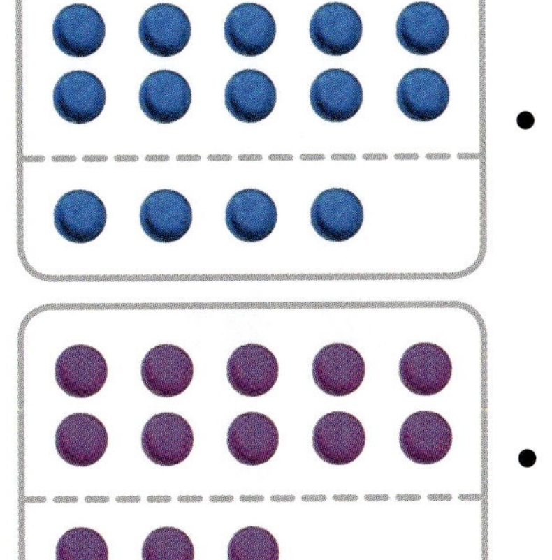

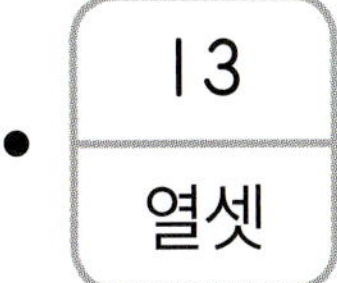

13
열셋

14
열넷

공부한 날
월
일

🌳 과자의 수를 세어 ☐ 안에 알맞은 수를 쓰세요.

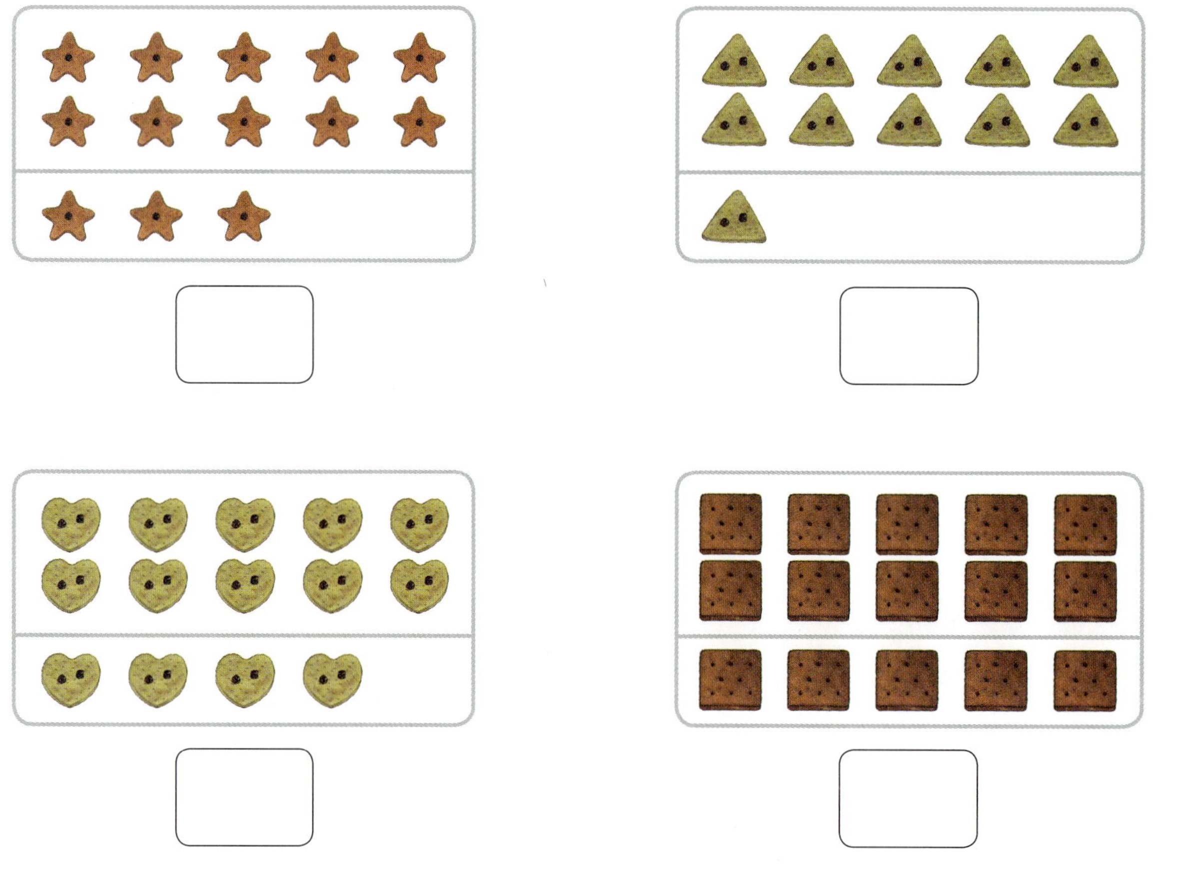

🌳 /표를 하면서 수를 세어 ☐ 안에 알맞은 수를 쓰세요.

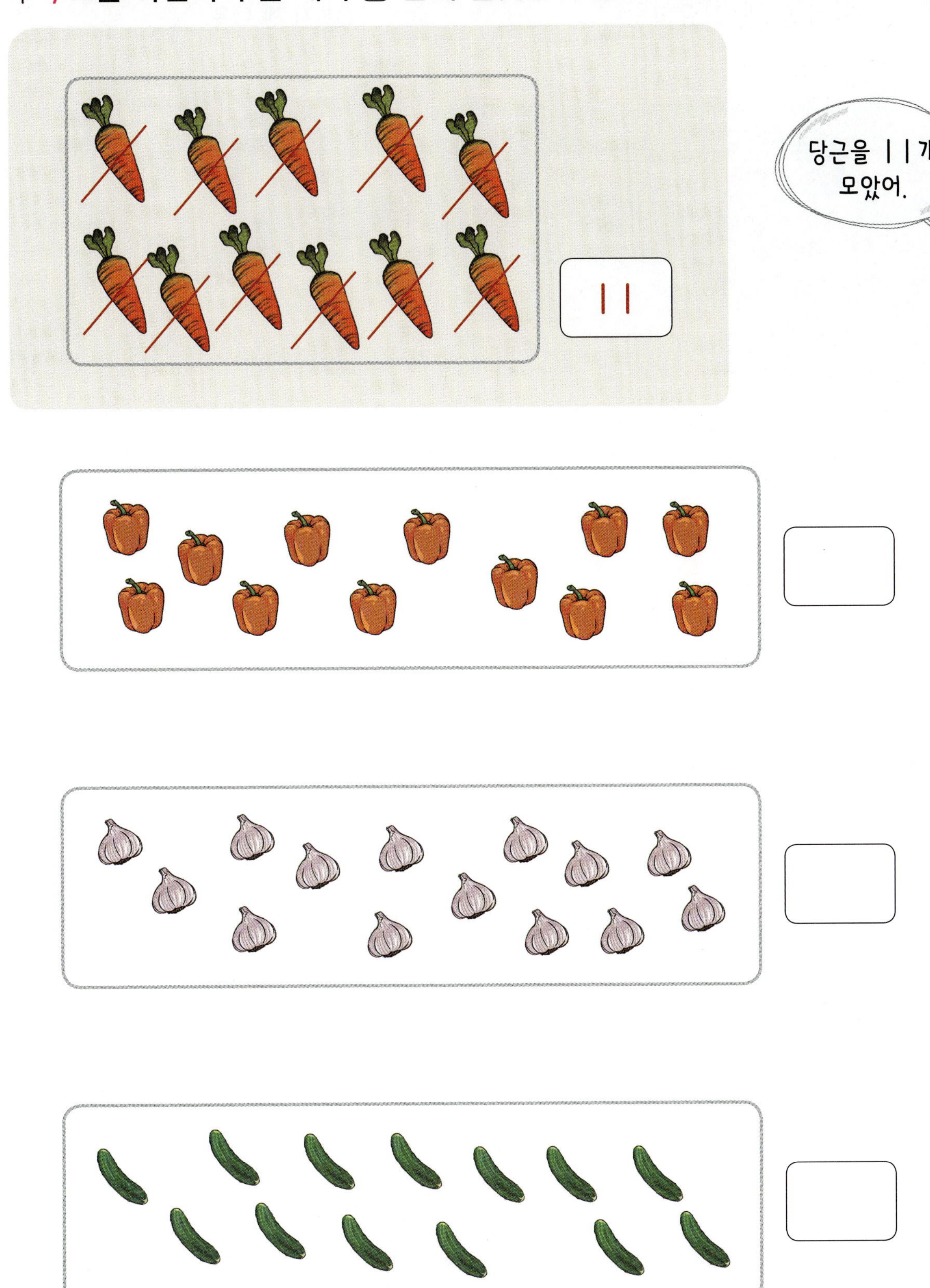

태경이가 꽃에 물을 주고 있어요.

🌳 주어진 수만큼 ◯로 묶으세요.

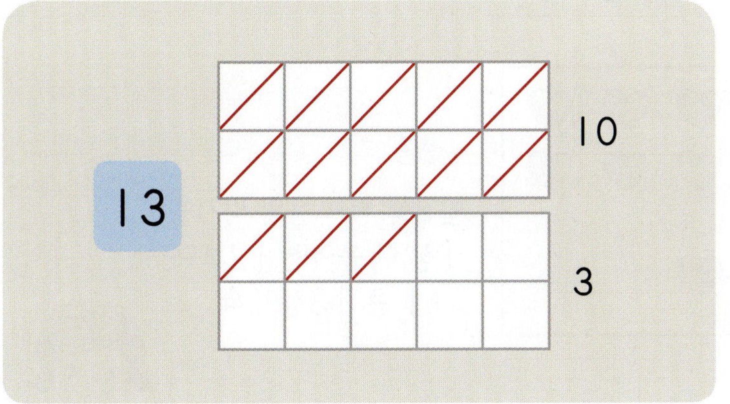

13
10
3

10

12

14

9

11

15

13 | 큰 수와 | 작은 수

지오와 태경이가 도화지에 예쁜 붙임 딱지를 붙여요.

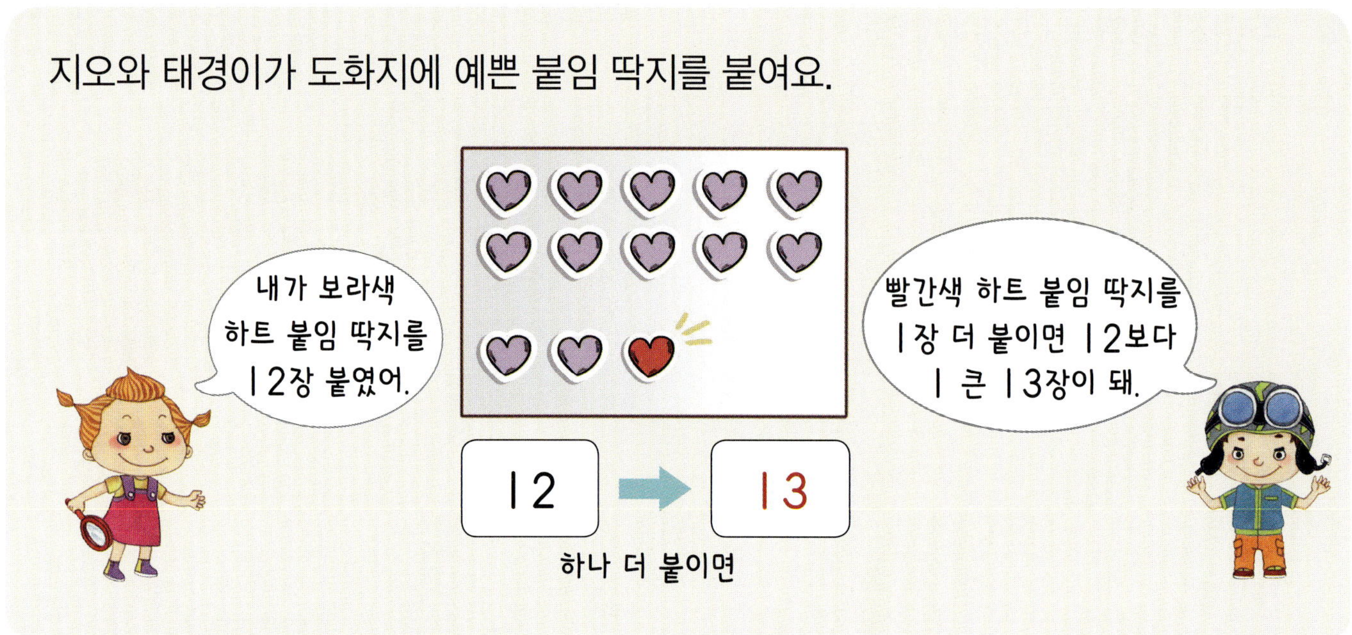

🌳 하나 더 색칠하고 ☐ 안에 알맞은 수를 쓰세요.

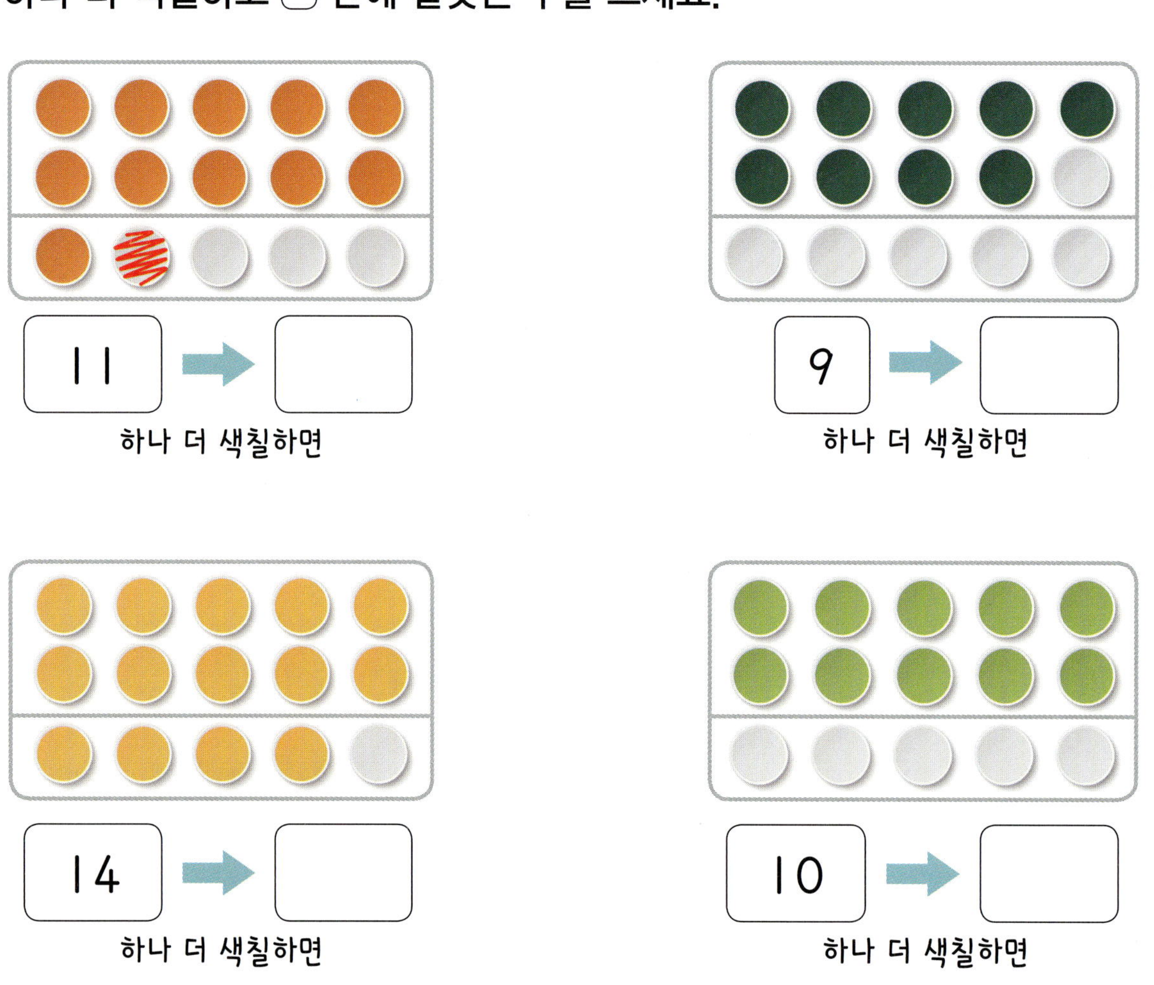

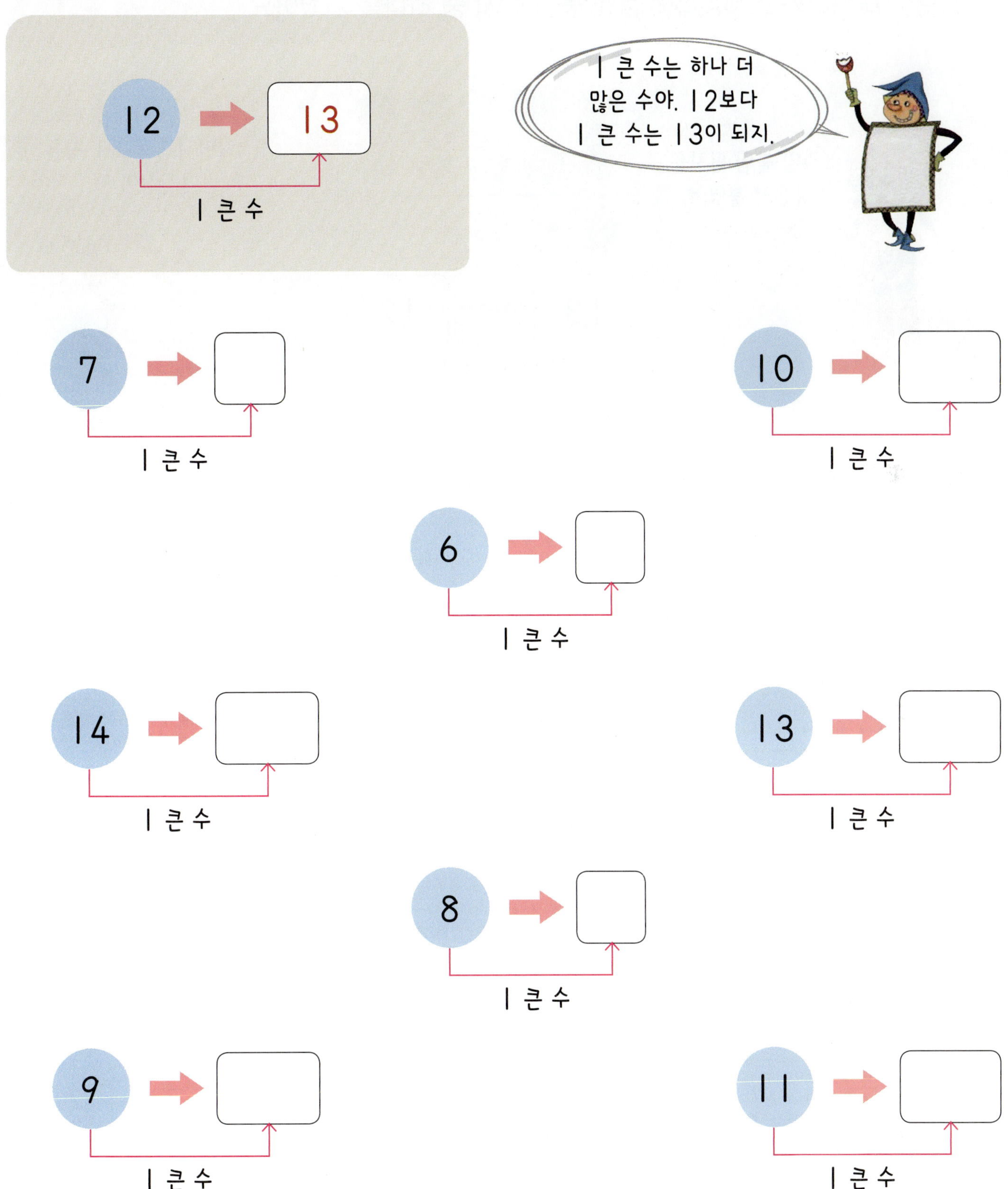
왼쪽 수보다 1 큰 수를 ⬜ 안에 쓰세요.

12 ➡ 13
1 큰 수

1 큰 수는 하나 더
많은 수야. 12보다
1 큰 수는 13이 되지.

7 ➡
1 큰 수

10 ➡
1 큰 수

6 ➡
1 큰 수

14 ➡
1 큰 수

13 ➡
1 큰 수

8 ➡
1 큰 수

9 ➡
1 큰 수

11 ➡
1 큰 수

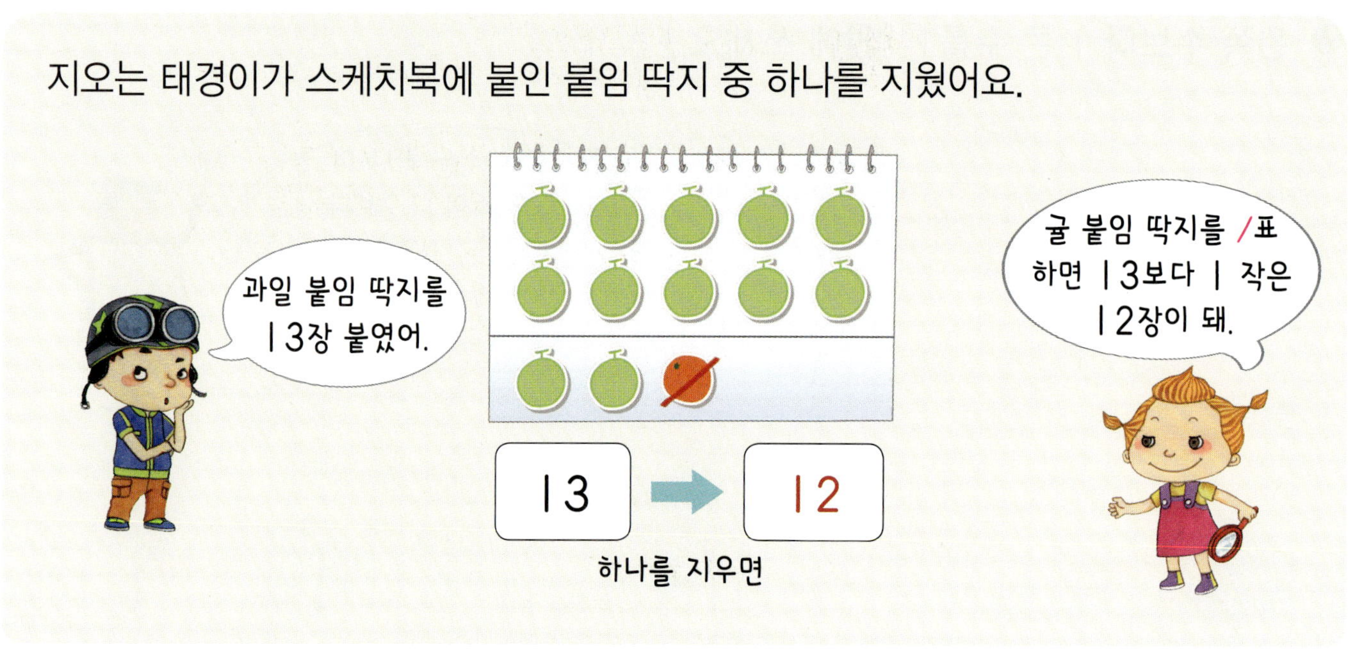

🌳 하나를 /표 하고 ⬜ 안에 알맞은 수를 쓰세요.

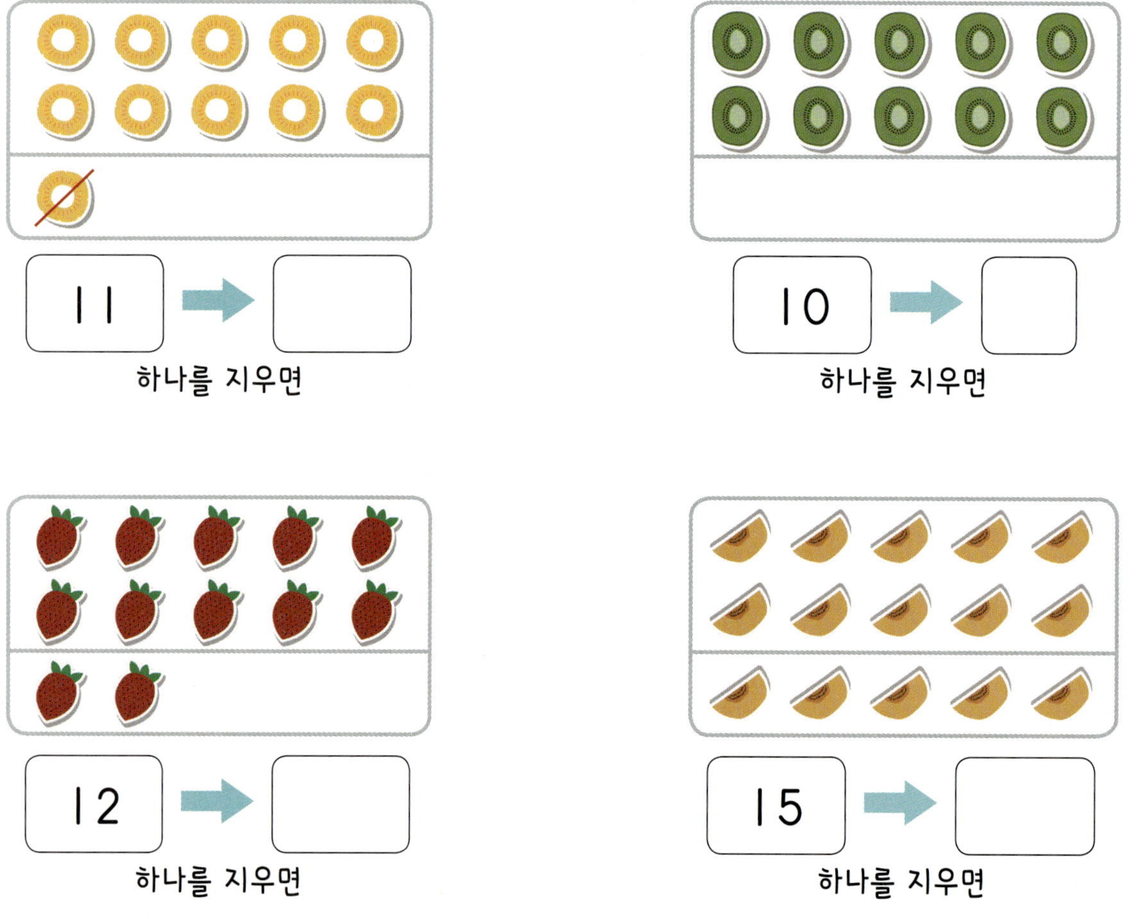

오른쪽 수보다 1 작은 수를 ▢ 안에 쓰세요.

[11] ← (12)

1 작은 수

[ ] ← (10)

1 작은 수

[ ] ← (9)

1 작은 수

[ ] ← (8)

1 작은 수

[ ] ← (15)

1 작은 수

[ ] ← (13)

1 작은 수

[ ] ← (7)

1 작은 수

[ ] ← (14)

1 작은 수

[ ] ← (11)

1 작은 수

공부한 날

월

일

참! 잘했어요

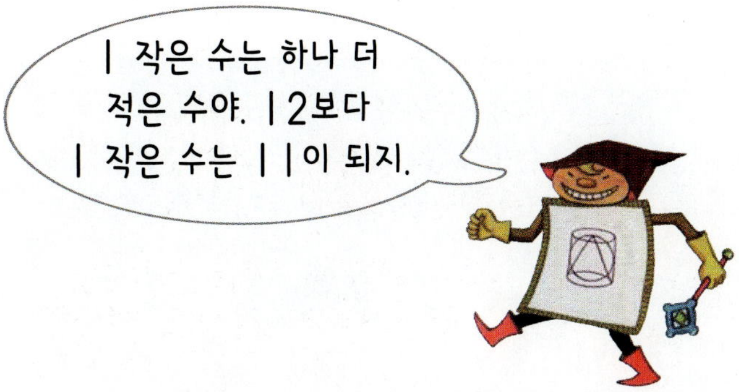

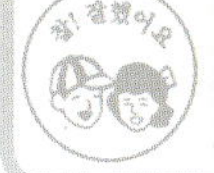

순서대로 세기

아이들이 순서대로 리프트를 타요.

🌳 수의 순서대로 빈 곳에 알맞은 수를 쓰세요.

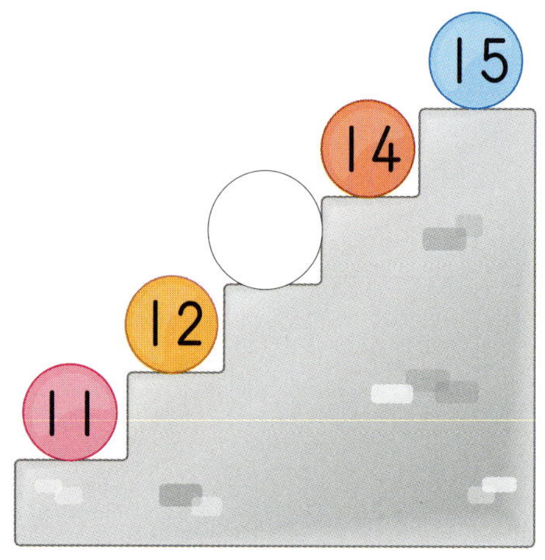

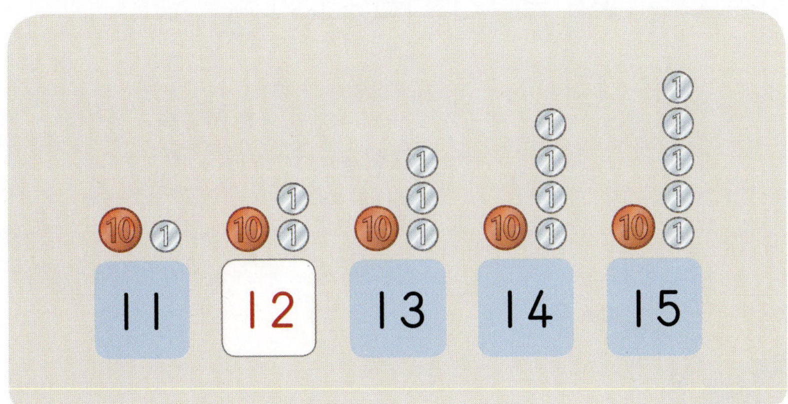

11 12 13 14 □

8 9 □ 11 12

6 □ 8 9 10

□ 12 13 14 15

7 8 9 □ 11

10 11 □ 13 14

□ 9 10 11 12

9 10 11 12 □

태경이와 지오는 수를 순서대로 세면서 선을 그어 물고기를 완성했어요.

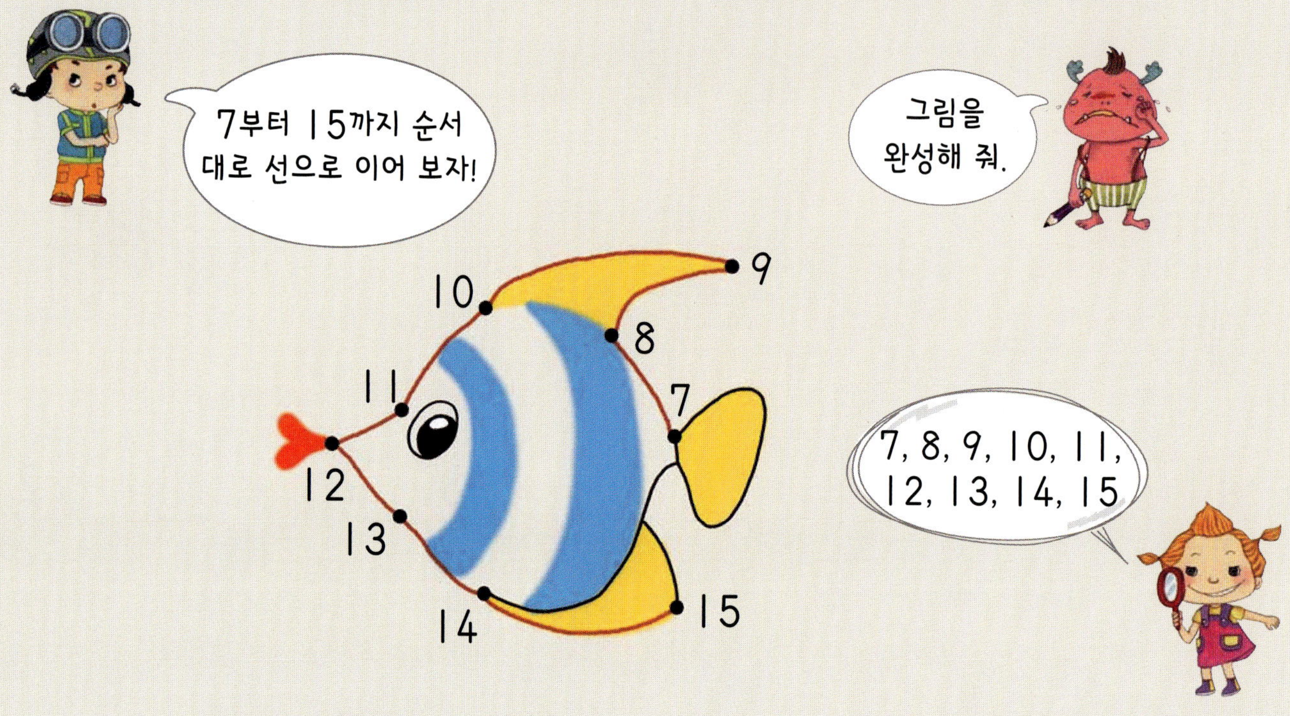

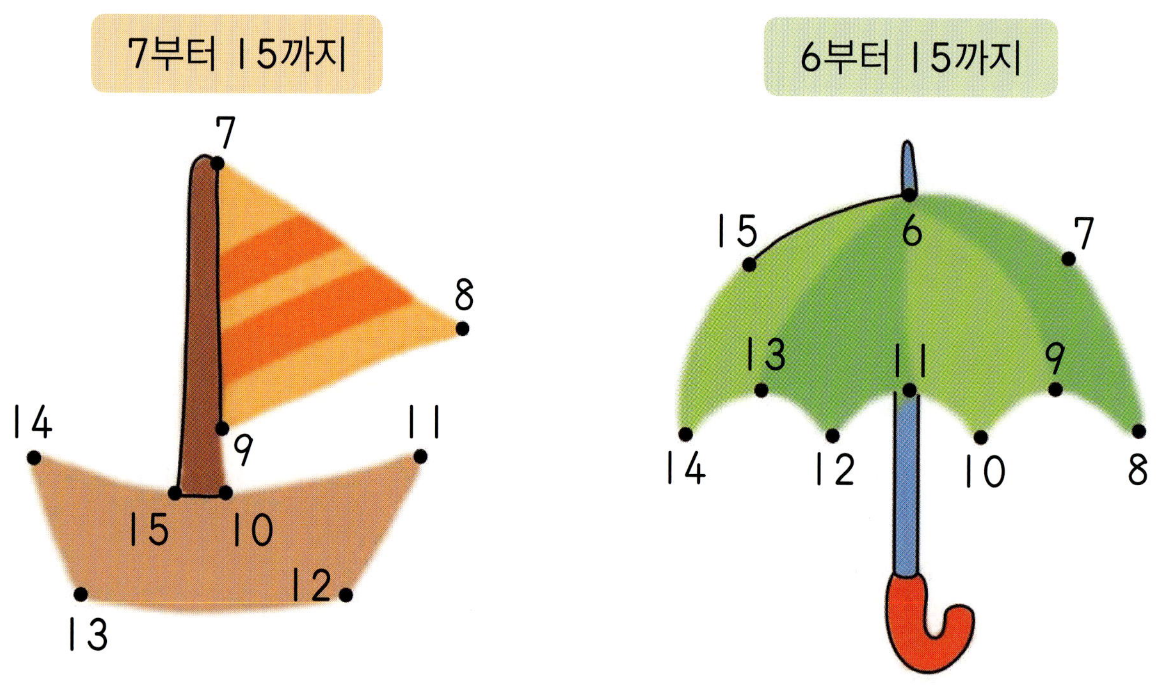

🌱 순서대로 선을 그어 그림을 완성하세요.

7부터 15까지

6부터 15까지

6부터 15까지의 수를 순서대로 찾아 선을 그으세요.

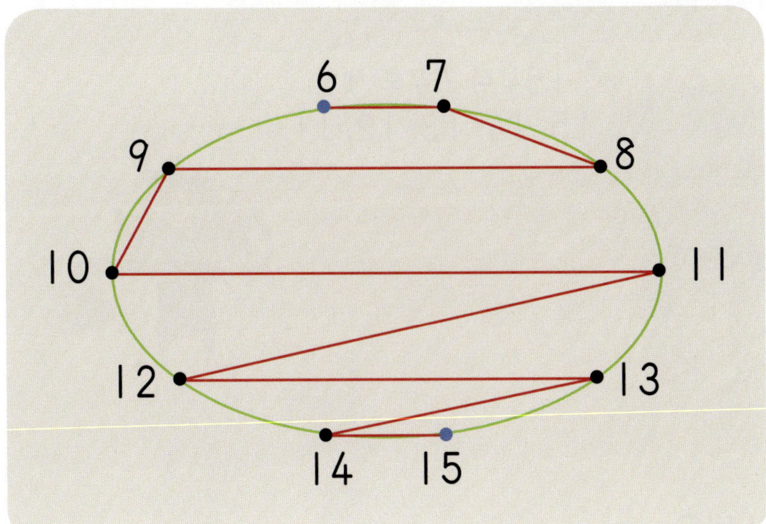

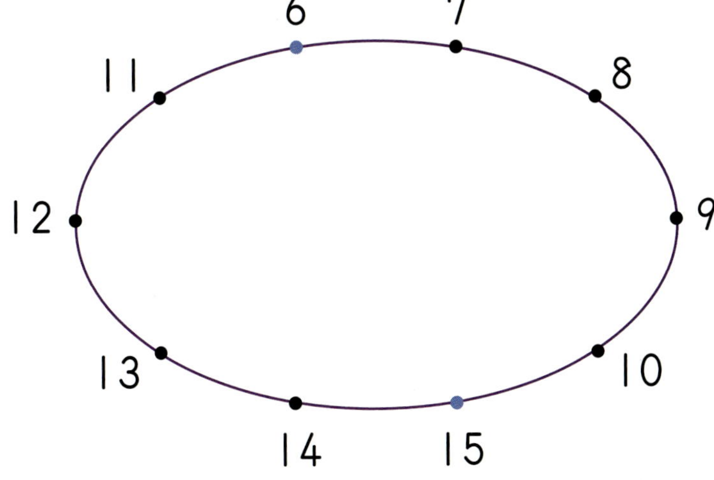

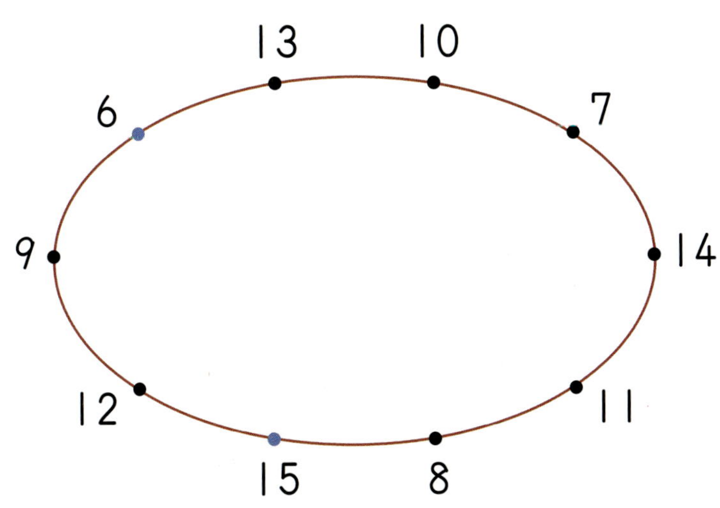

공부한 날

월

일

15 거꾸로 세기

🌳 거꾸로 세어 빈 곳에 알맞은 수를 쓰세요.

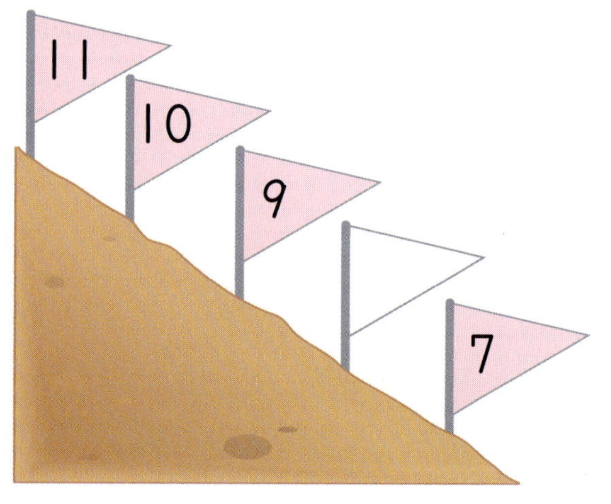

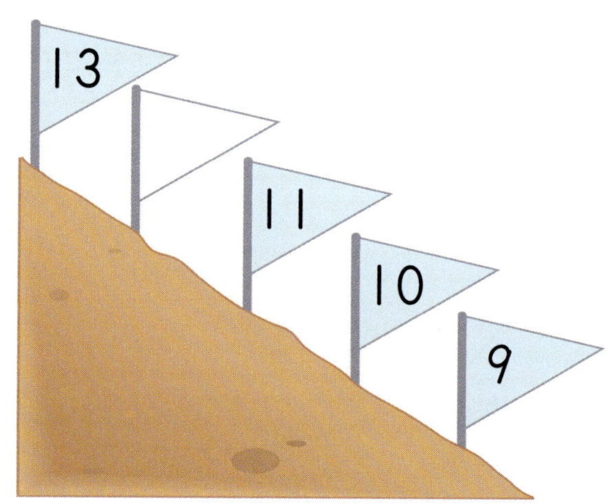

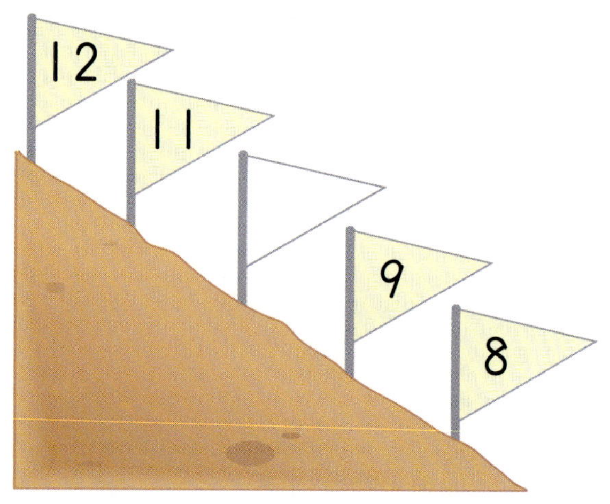

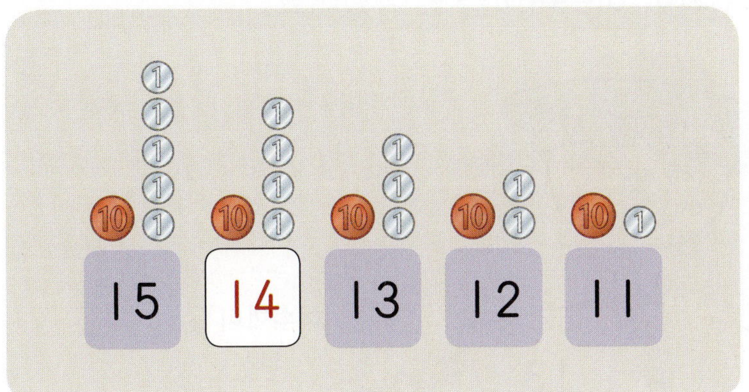

12 11 10 9 ☐

12 11 ☐ 9 8

13 ☐ 11 10 9

☐ 12 11 10 9

11 10 9 ☐ 7

15 14 ☐ 12 11

☐ 14 13 12 11

13 12 11 10 ☐

거꾸로 요괴가 수를 거꾸로 세면서 선을 그어 허수아비를 완성했어요.

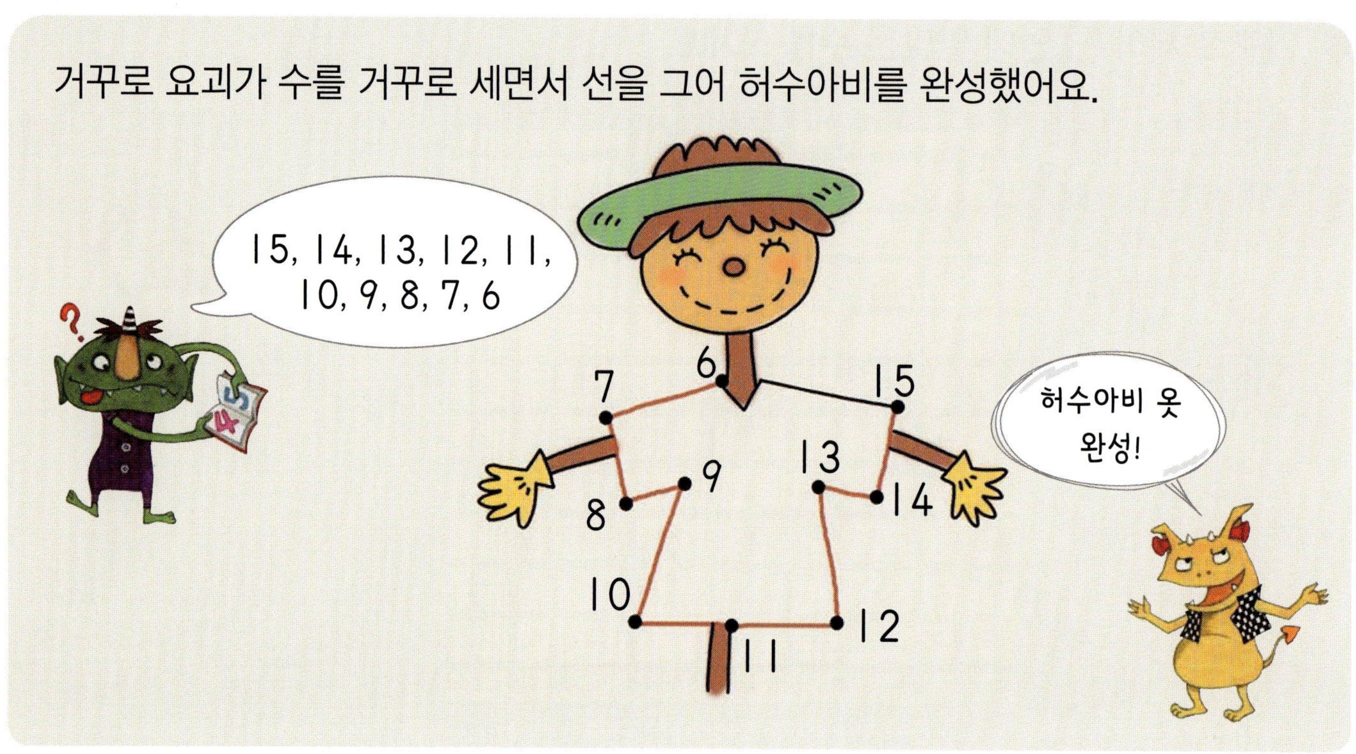

🌳 15부터 6까지의 수를 거꾸로 세면서 선을 그어 그림을 완성하세요.

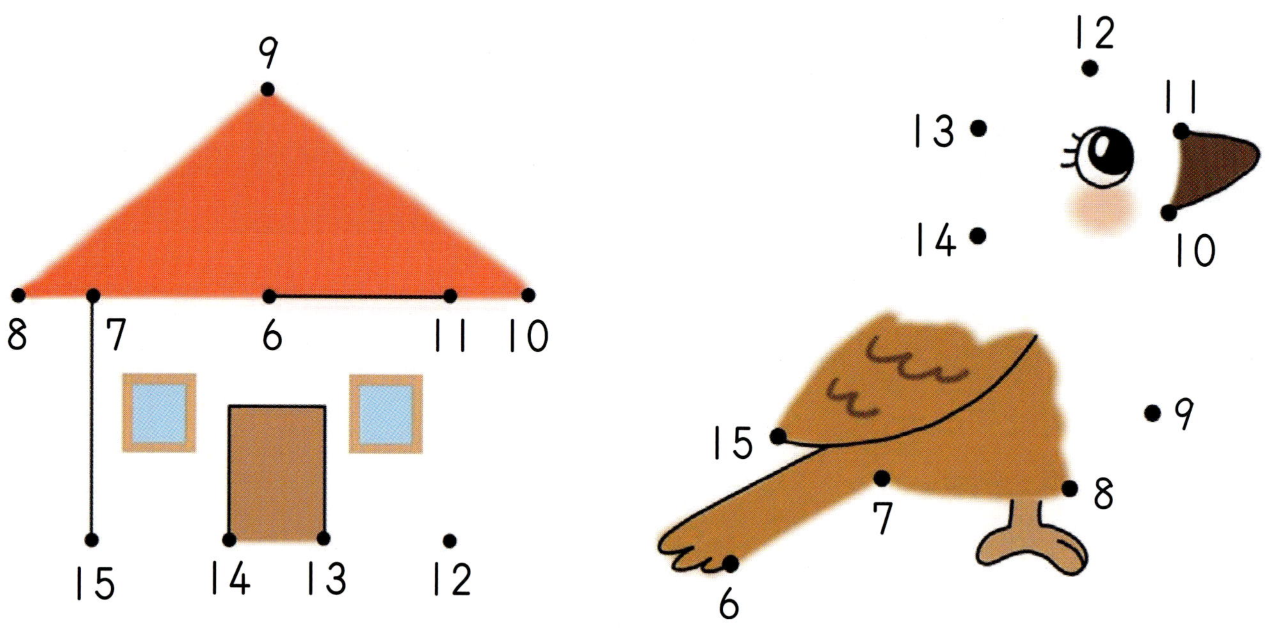

🌱 15부터 6까지 거꾸로 센 수를 따라 선을 그으세요.

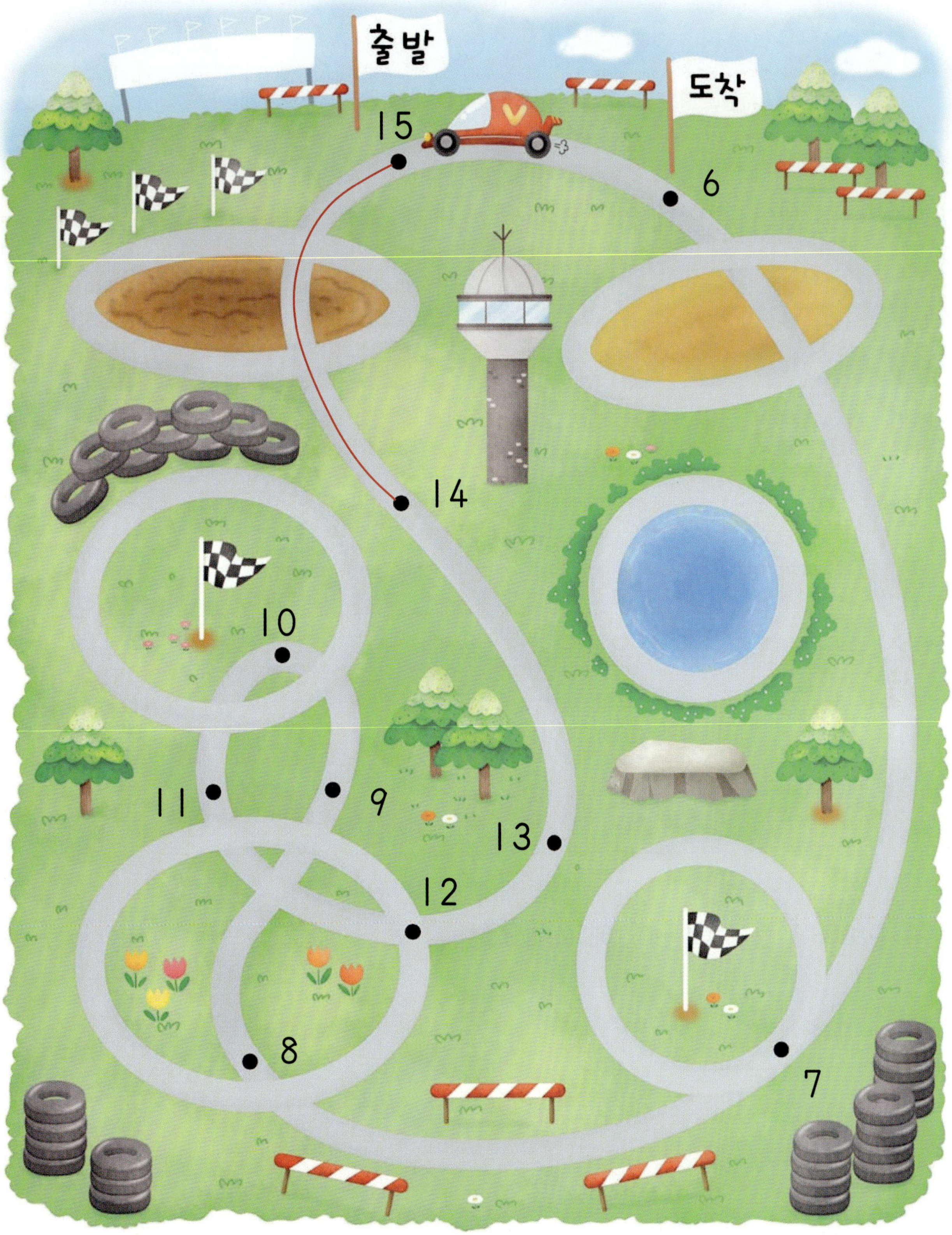

🌲 달걀의 수를 세어 ☐ 안에 알맞은 수를 쓰세요.

  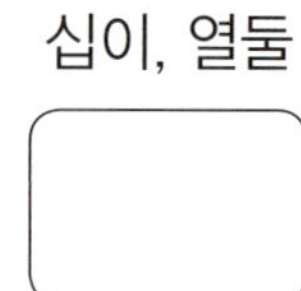

십이, 열둘

🌲 과자의 수를 세어 ☐ 안에 알맞은 수를 쓰세요.

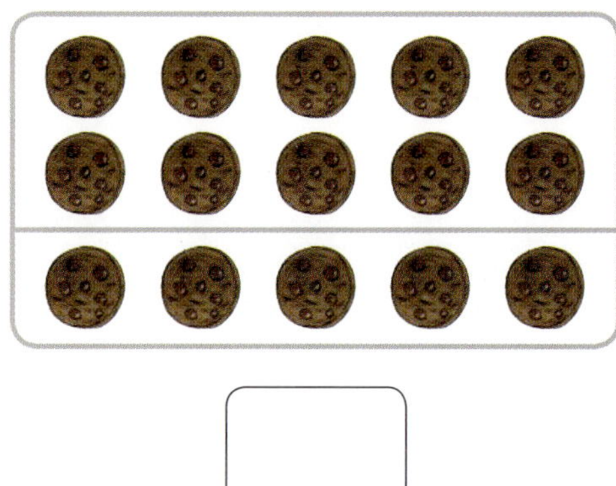 

🌲 주어진 수만큼 ◯로 묶으세요.

12

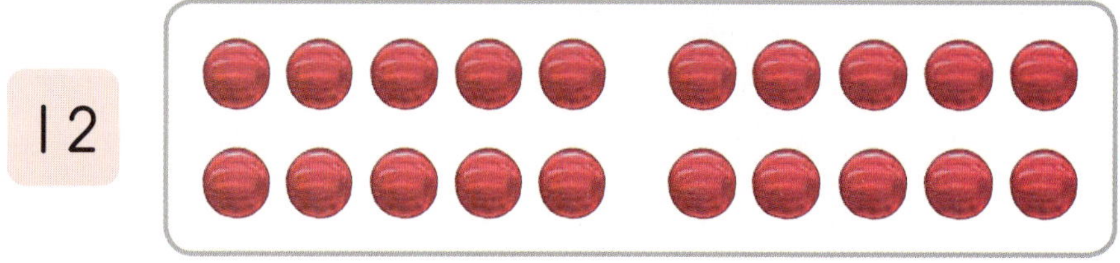

🌲 왼쪽 수보다 1 큰 수를 ☐ 안에 쓰세요.

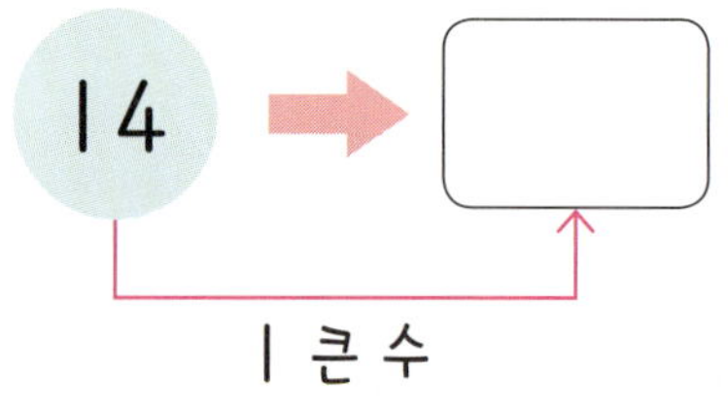 

1 큰 수   1 큰 수

🌲 하나를 /표 하고 ☐ 안에 알맞은 수를 쓰세요.

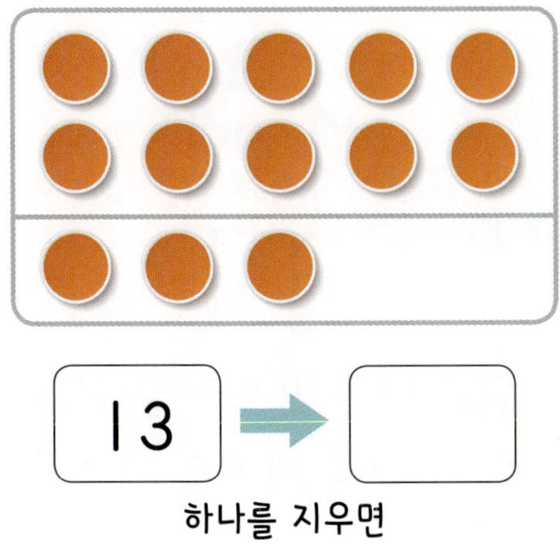

| 13 | ➡ | |

하나를 지우면

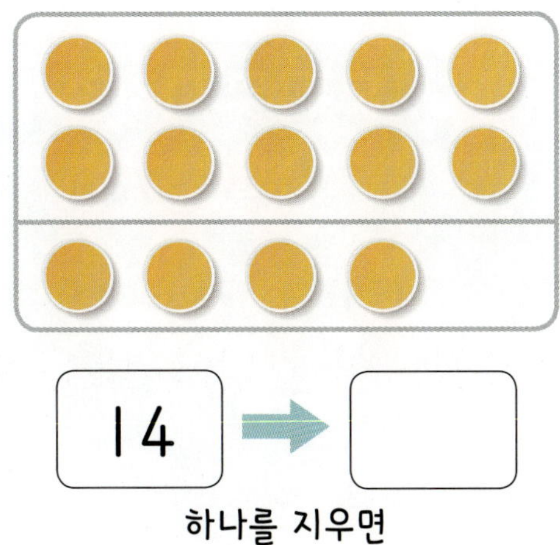

| 14 | ➡ | |

하나를 지우면

🌲 6부터 15까지의 수를 순서대로 선을 그어 그림을 완성하세요.

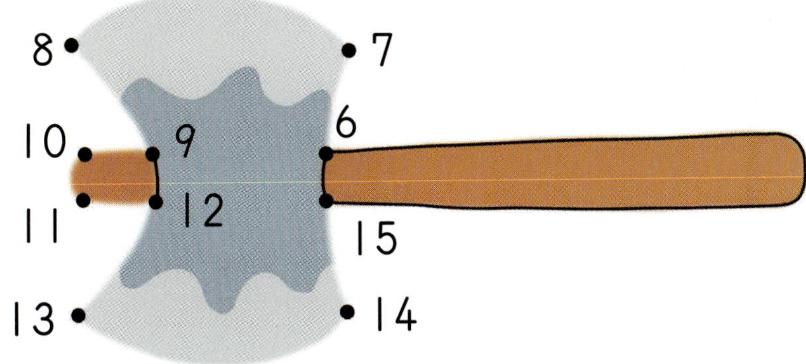

🌲 거꾸로 세어 ☐ 안에 알맞은 수를 쓰세요.

연산력 게임

모두 몇 마리일까요

양은 모두 몇 마리일까요?

양의 수를 세어 보고 오른쪽에서 찾아 손가락으로 누르세요.

14를 누르면 정답입니다.

수를 순서대로 세어 알맞은 기차 칸을 찾아보세요.

아래쪽에서 알맞은 기차 칸을 찾아 빈 곳에 끌어서 넣으세요.

12가 적힌 기차 칸을 넣으면 정답입니다.

칙칙폭폭 기차놀이

20까지의 수

▶ 연산 보충 학습(108쪽)에서 더 풀어 보세요.

학부모 지도 가이드

아이들이 1부터 20까지의 수를 직관적으로 알 수 있도록 동전의 금액 세기, 1 큰 수와 1 작은 수 알아보기, 수의 순서 알아보기를 충분히 연습하게 해 줍니다.

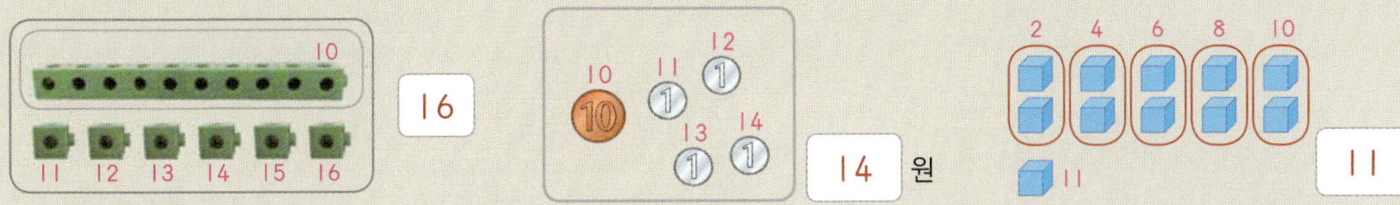

그리고 뛰어 세기와 묶어 세기를 하는 과정을 통해 일상생활에서 수를 세는 활동과 생활 속 수가 사용되는 경우를 배우면서 수학에 대한 자신감을 기를 수 있게 지도합니다.

16 몇과 십 몇

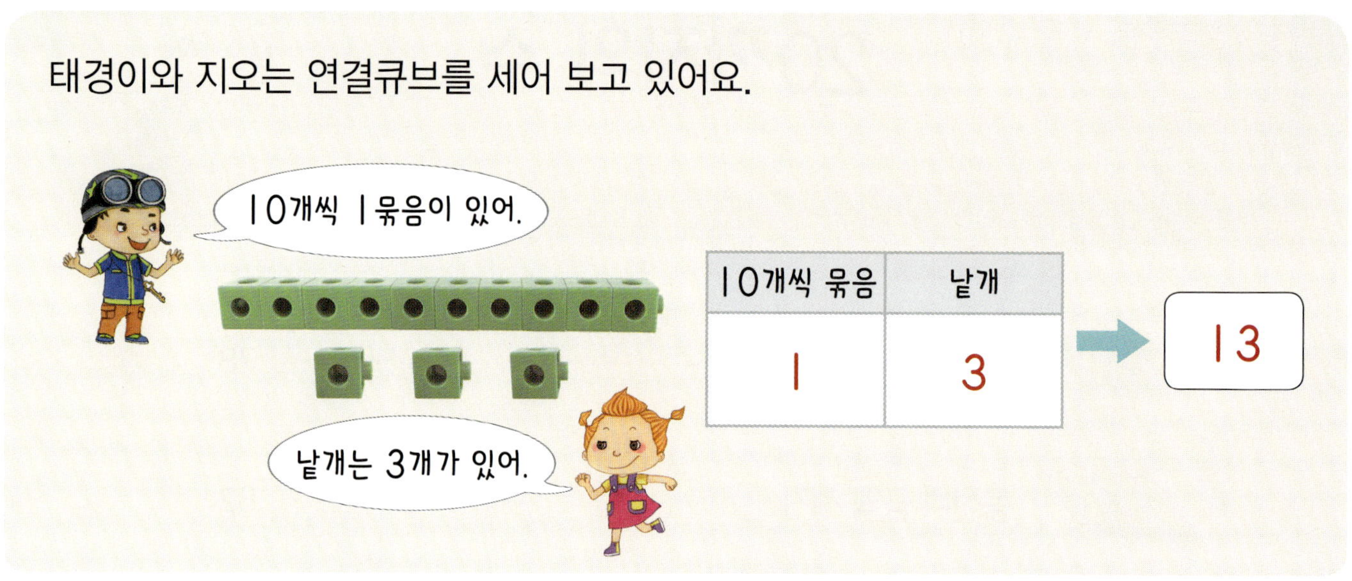

🌳 연결큐브의 수를 세어 ☐ 안에 알맞은 수를 쓰세요.

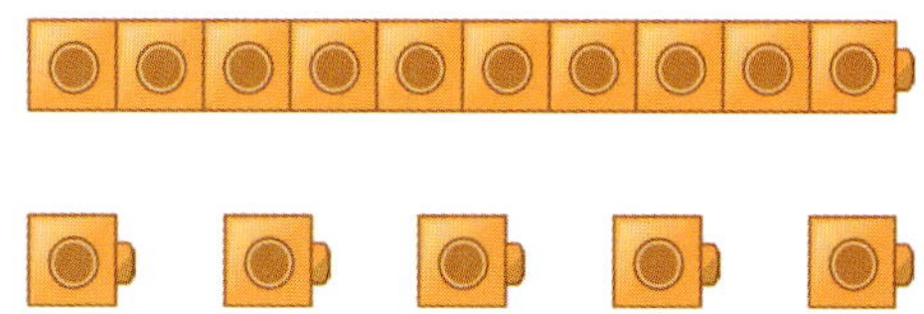

10개씩 묶음	낱개

➡ ☐

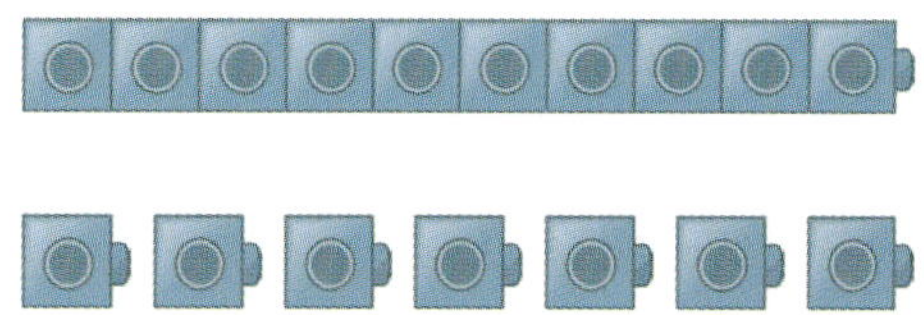

10개씩 묶음	낱개

➡ ☐

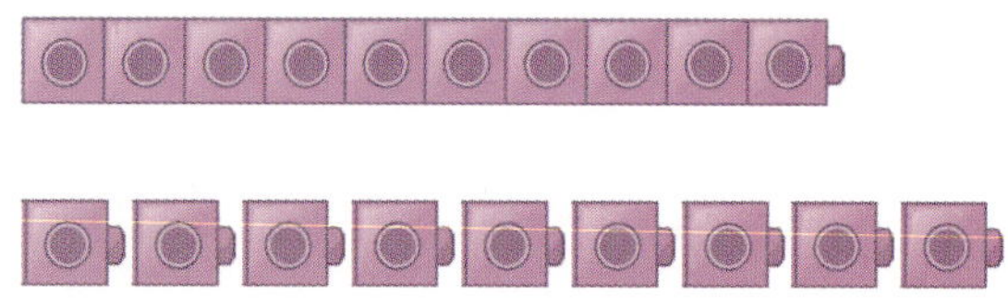

10개씩 묶음	낱개

➡ ☐

🌳 연결큐브의 수를 세어 ☐ 안에 알맞은 수를 쓰세요.

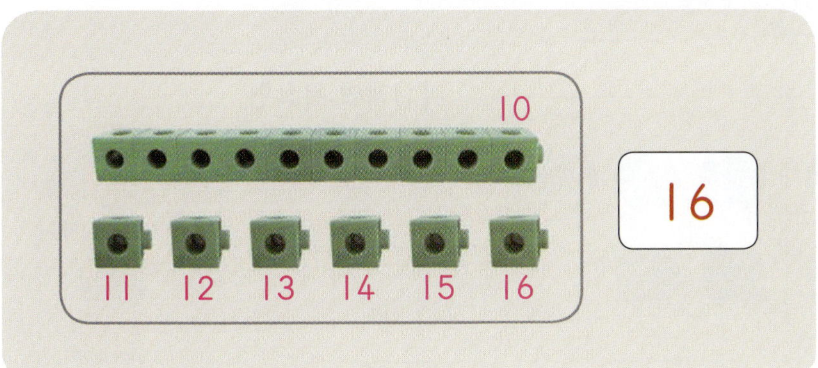

10
11 12 13 14 15 16
16

10개씩 1묶음과
낱개 6개면
16이야.

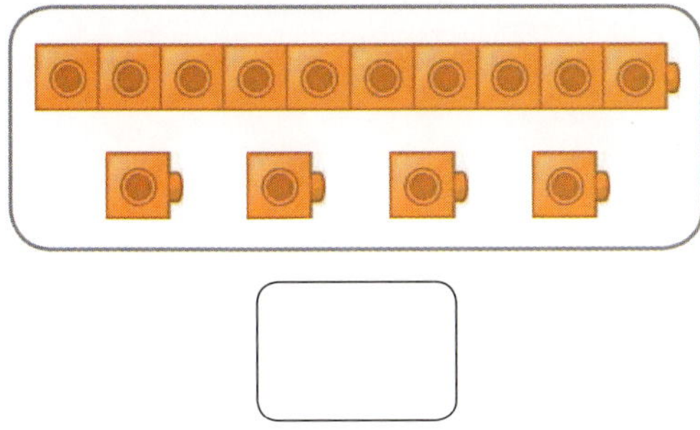

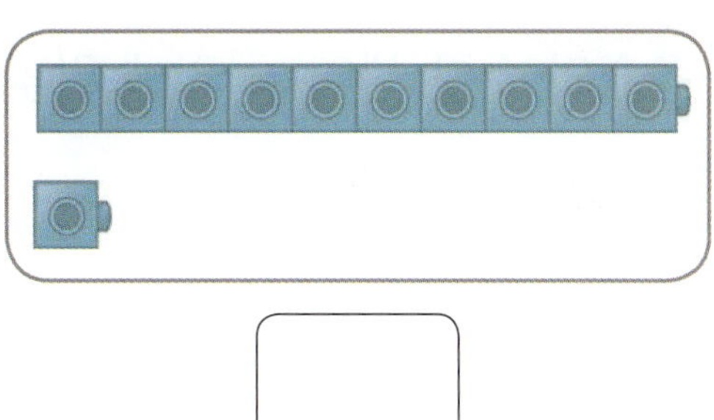

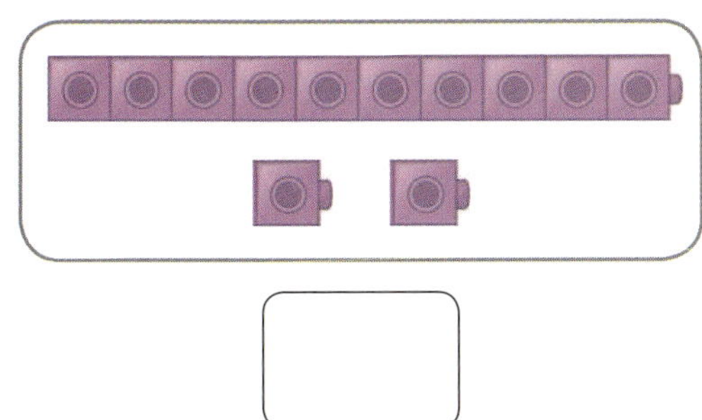

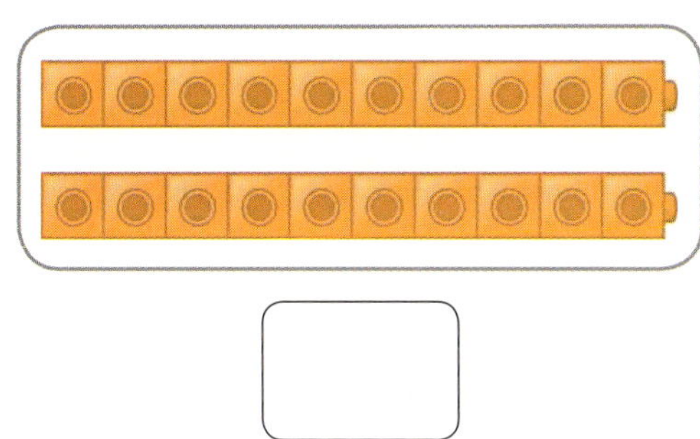

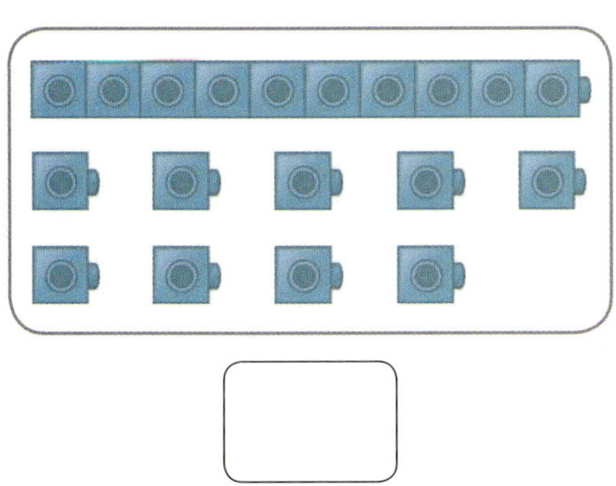

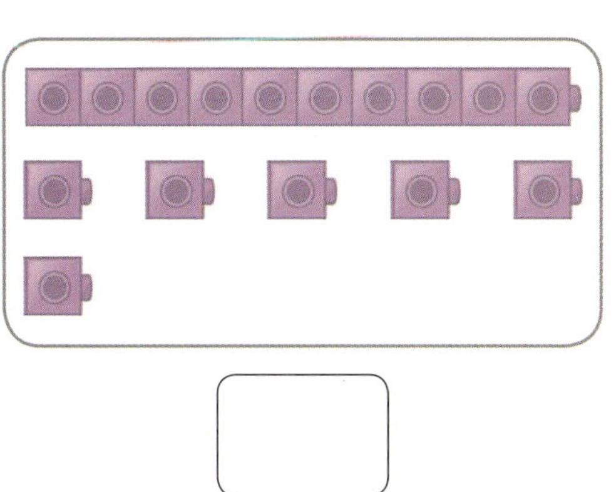

태경이가 구슬의 수를 세고 있어요.

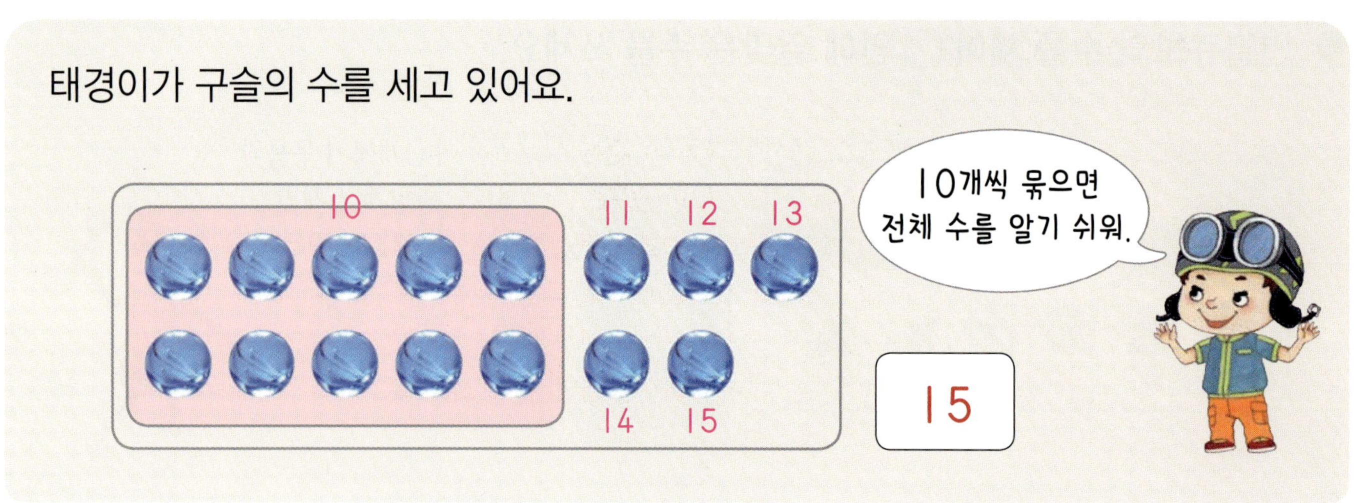

🌳 구슬의 수를 세어 ☐ 안에 알맞은 수를 쓰세요.

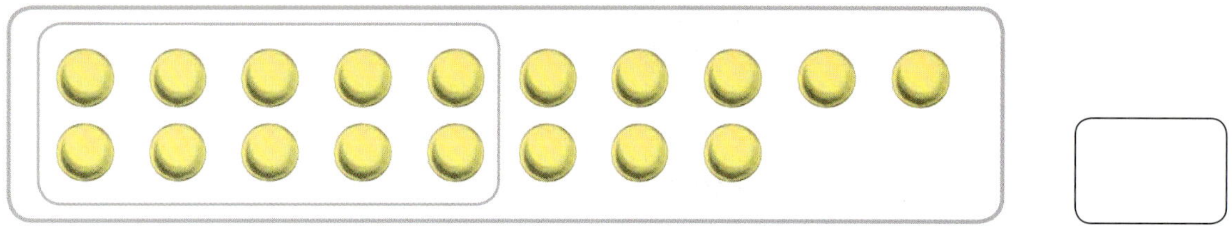

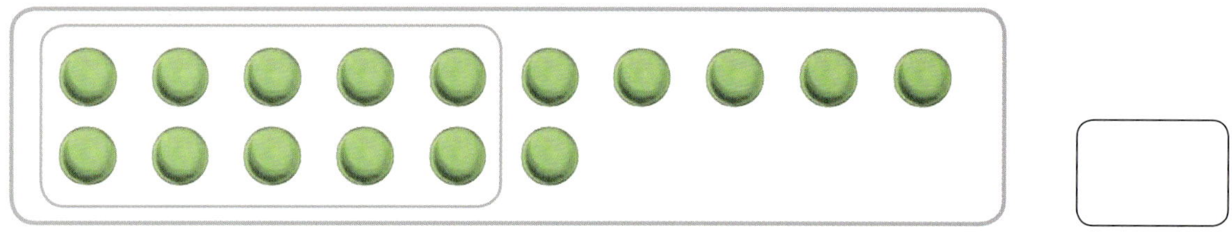

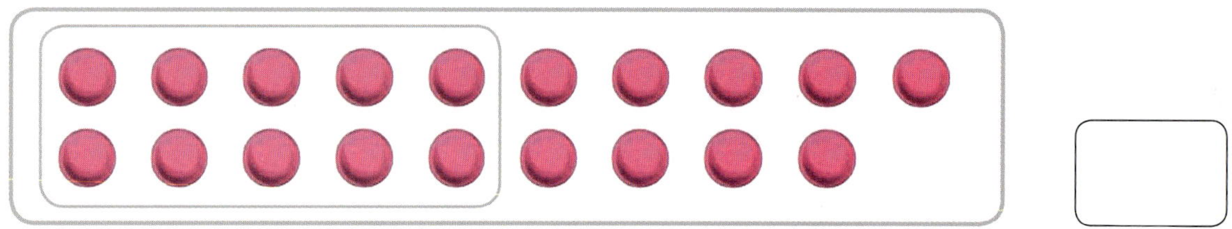

● 구슬의 수를 세어 ☐ 안에 알맞은 수를 쓰세요.

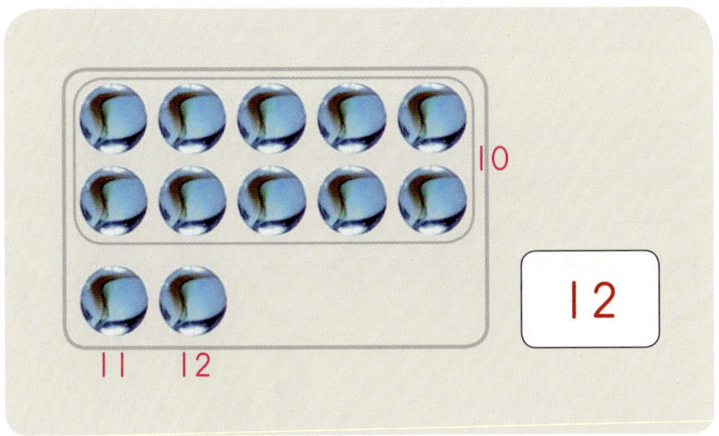

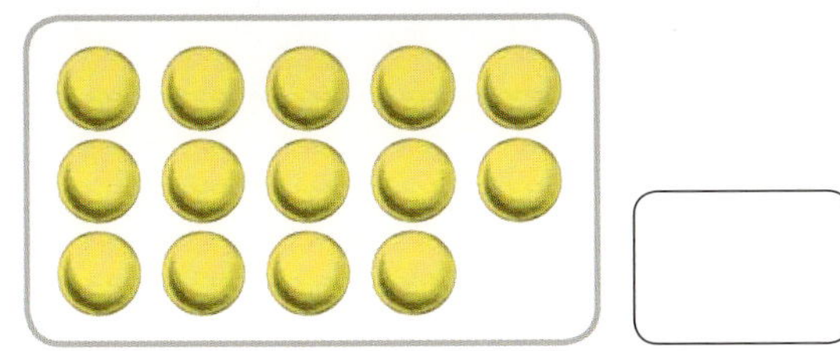

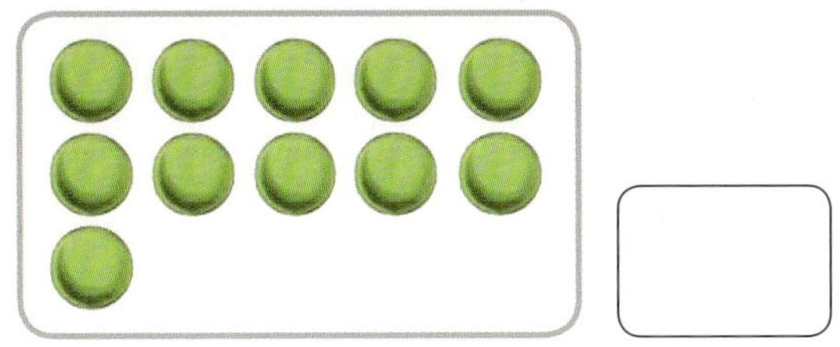

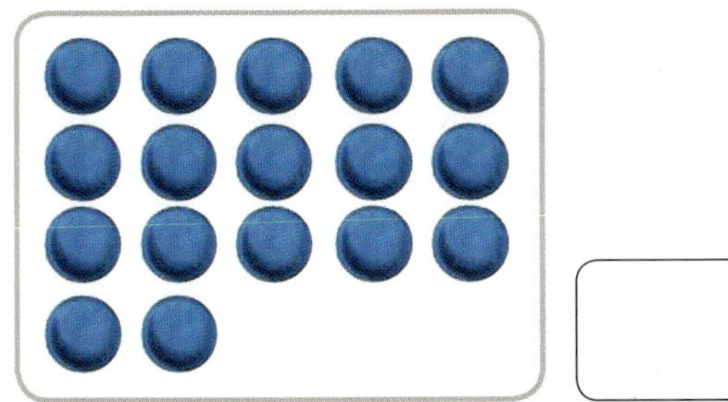

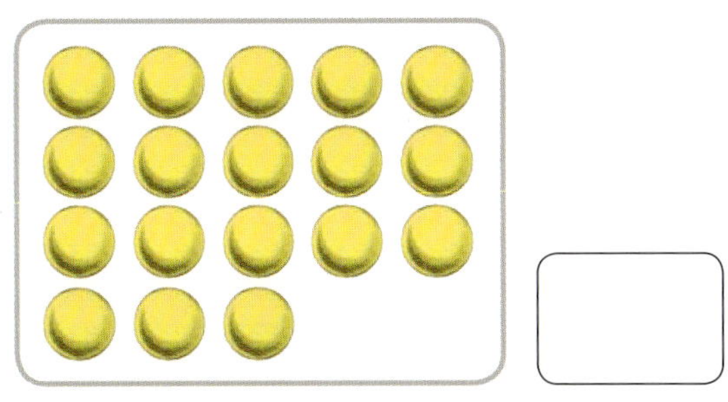

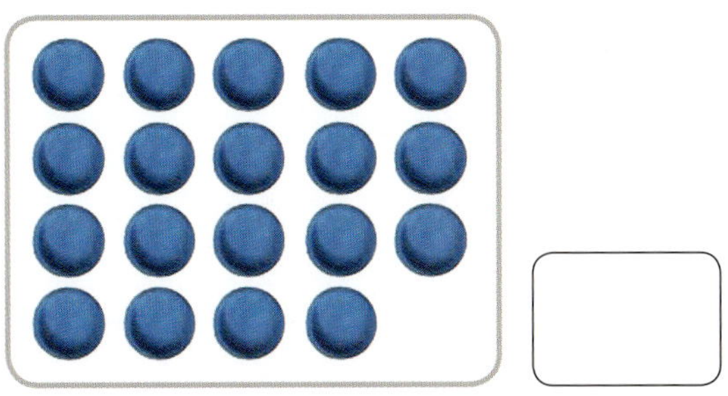

17 동전의 금액 세기

돼지 저금통에 10원짜리 동전과 1원짜리 동전이 들어 있어요.

13 원

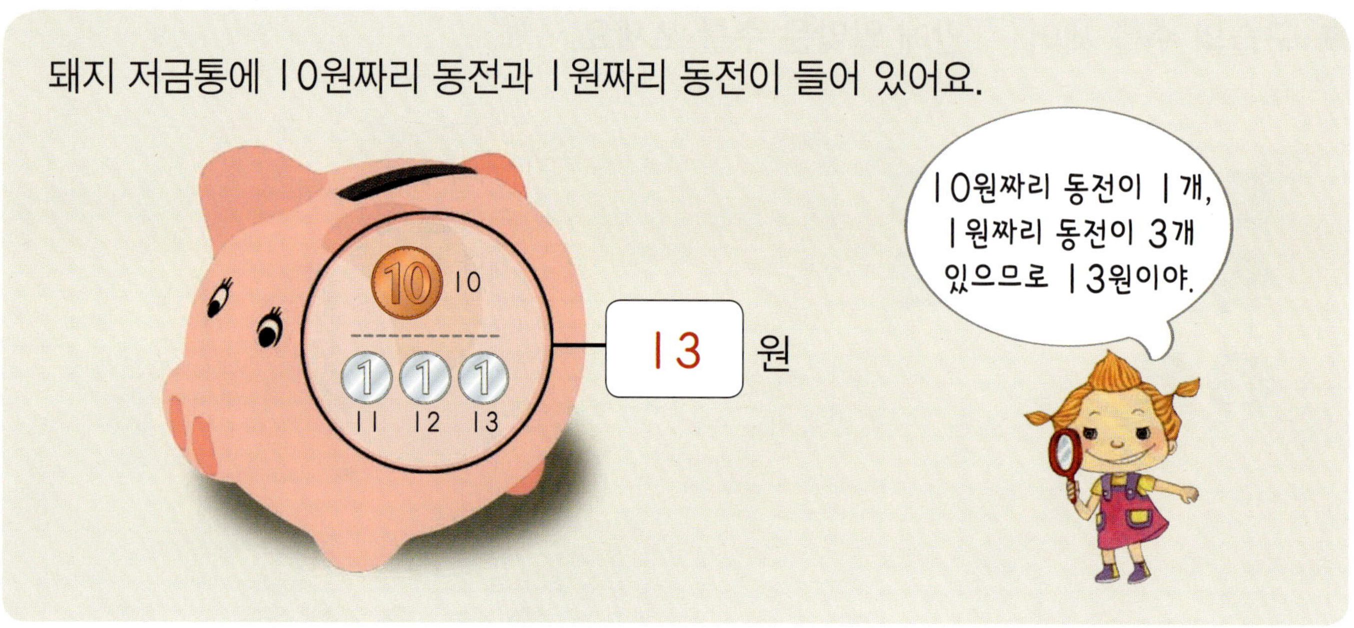

금액을 세어 ▢ 안에 알맞은 수를 쓰세요.

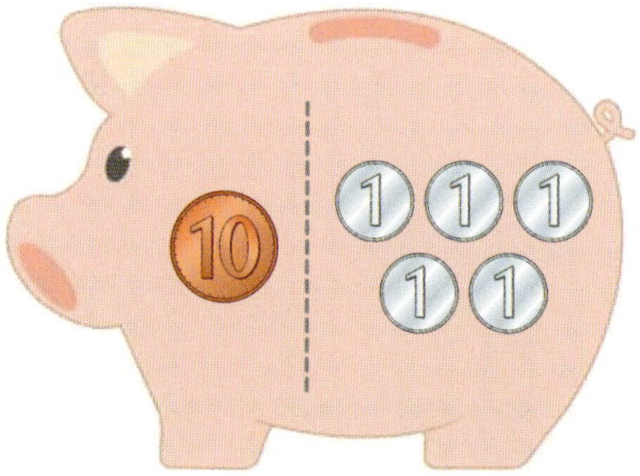

▢ 원

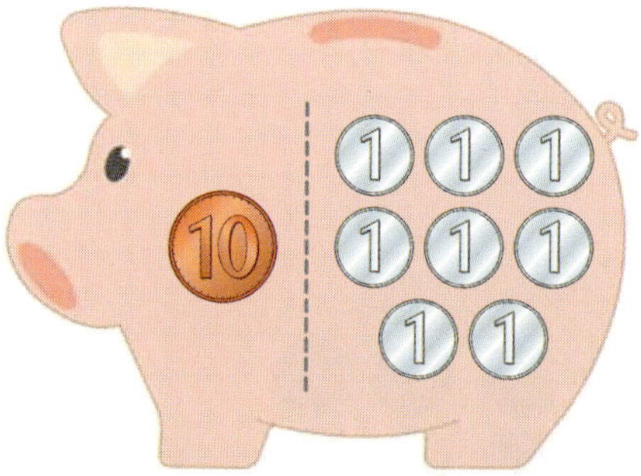

▢ 원

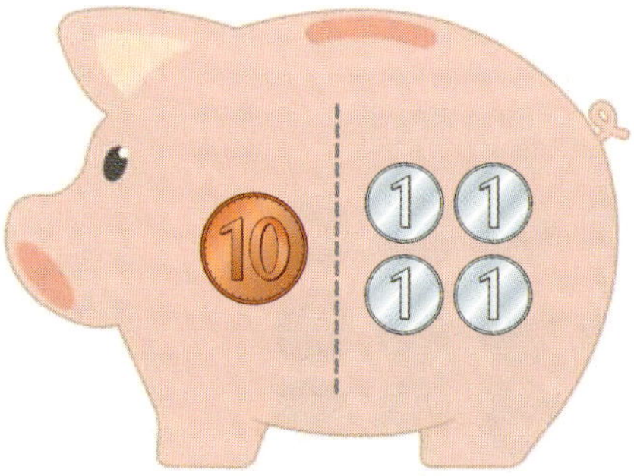

▢ 원

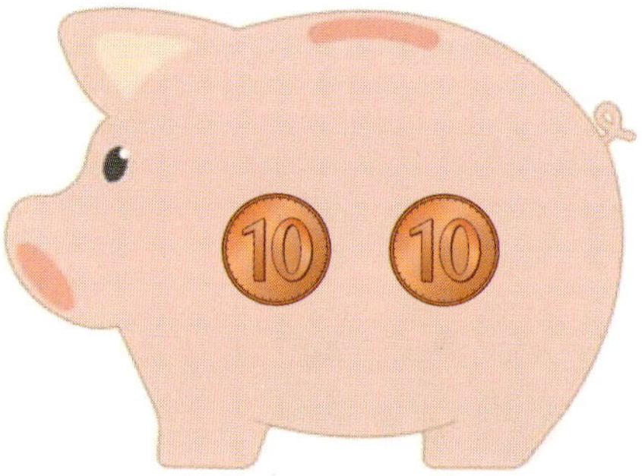

▢ 원

금액을 세어 ◯ 안에 알맞은 수를 쓰세요.

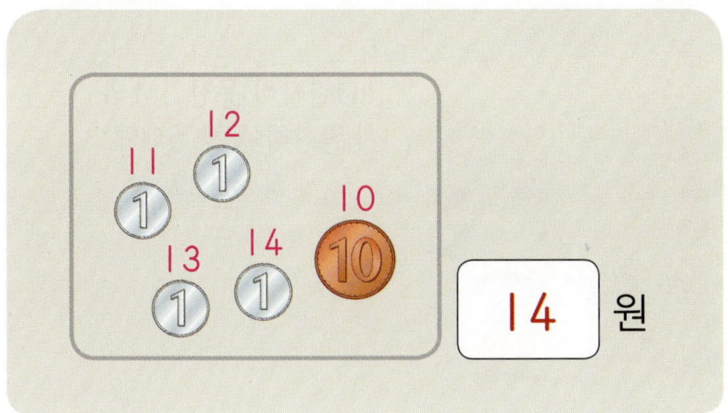

12
11
13 14
10
14
원

10원을 먼저 세고,
1원짜리 동전을 세면
10, 11, 12, 13, 14

원

원

원

원

원

원

태경이는 상자 안에서 15원을 꺼내려고 해요.

15원

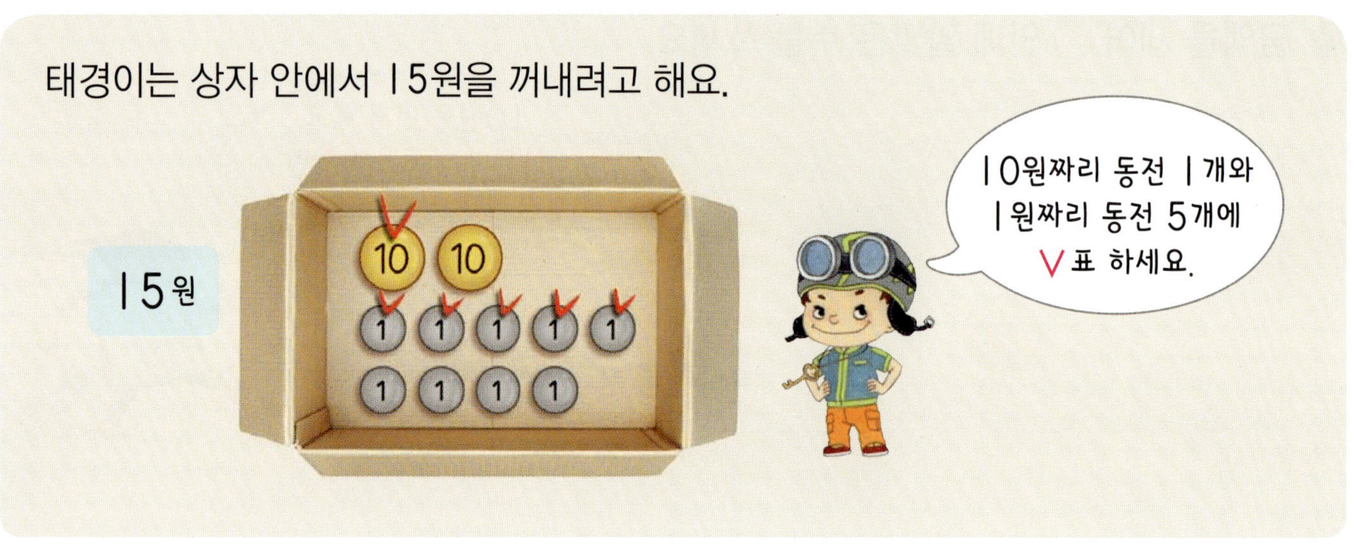

금액만큼 동전에 V표 하세요.

18원

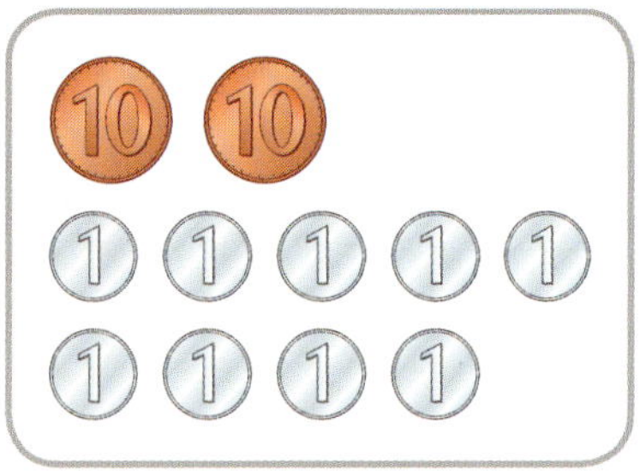

14원

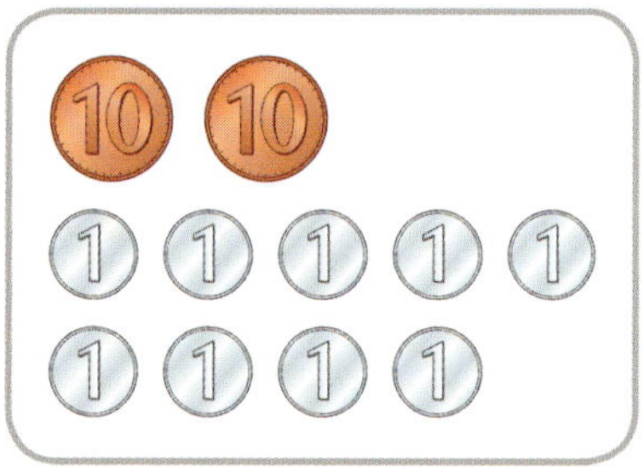

13원

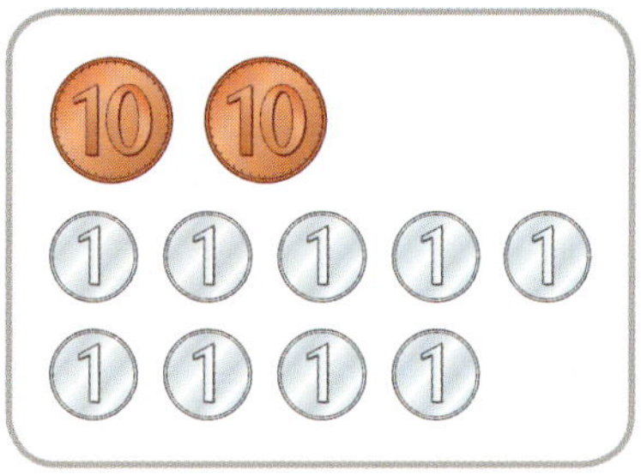

19원

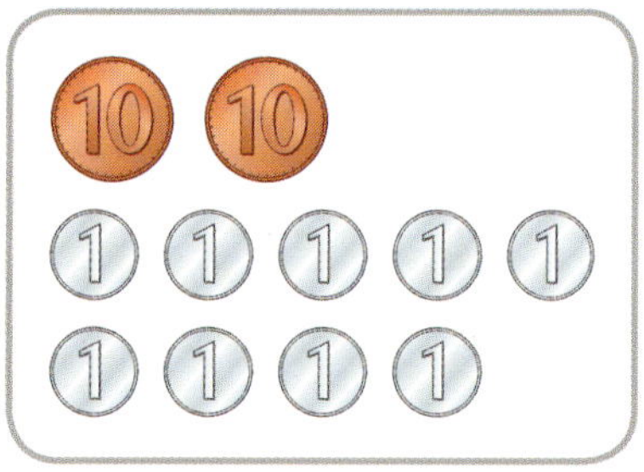

20원

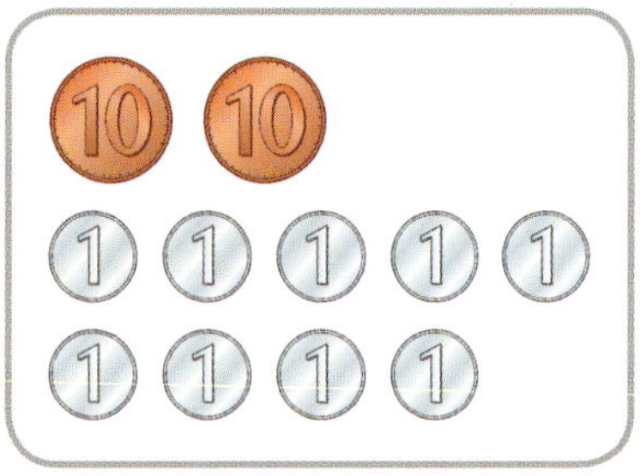

17원

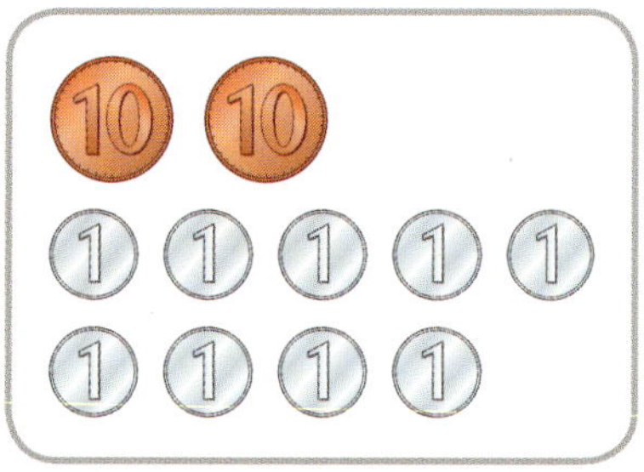

🌳 **금액만큼  10, 1 붙임 딱지를 붙이세요.** ➡ 책 앞에 있는 붙임 딱지를 사용하세요.

18 1 큰 수와 1 작은 수

태경이는 붙임 딱지를 모으고 있어요.

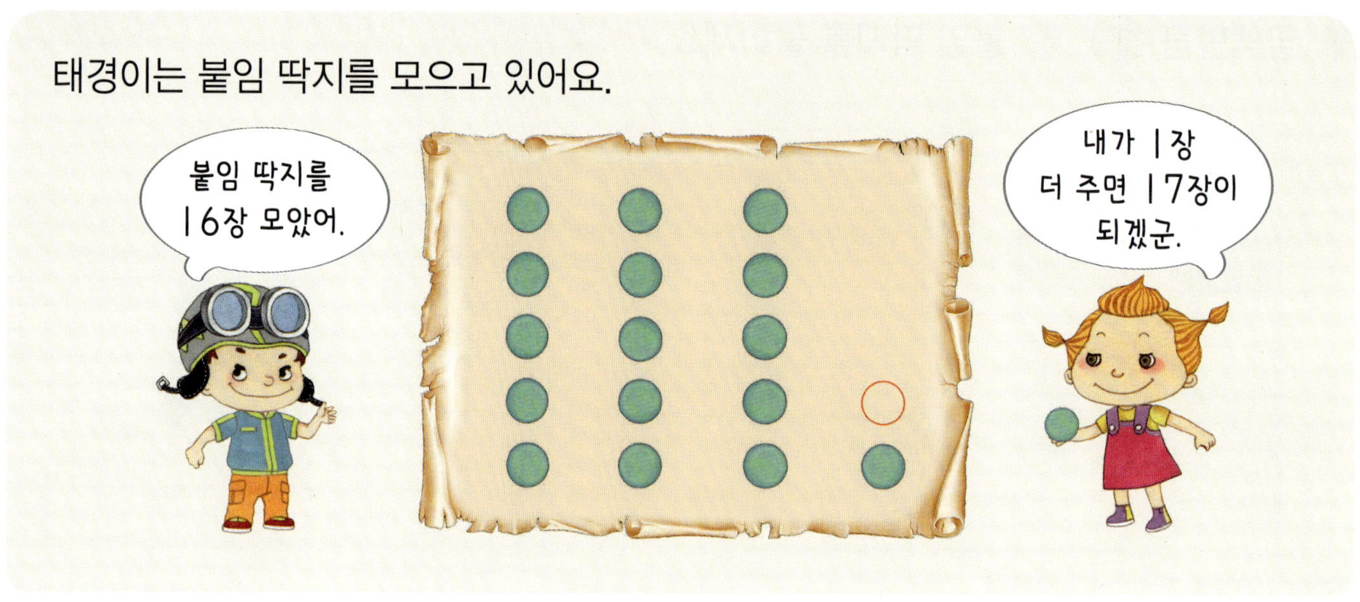

그림에 ○를 하나 더 그리고 ▢ 안에 1 큰 수를 쓰세요.

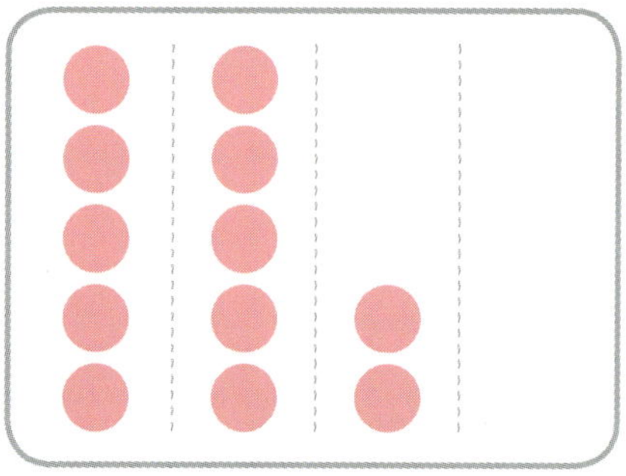

12 —1 큰 수→ ▢

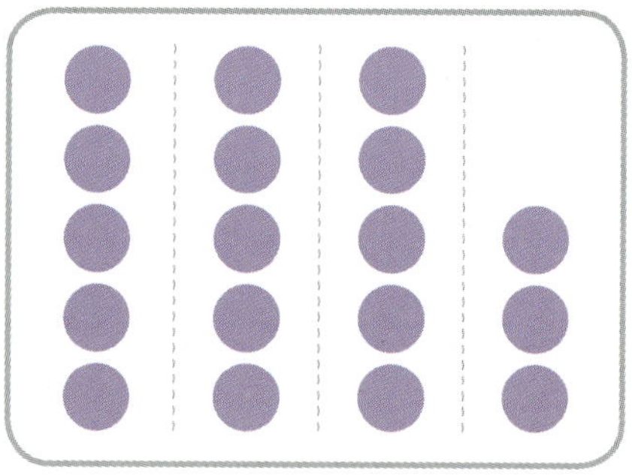

18 —1 큰 수→ ▢

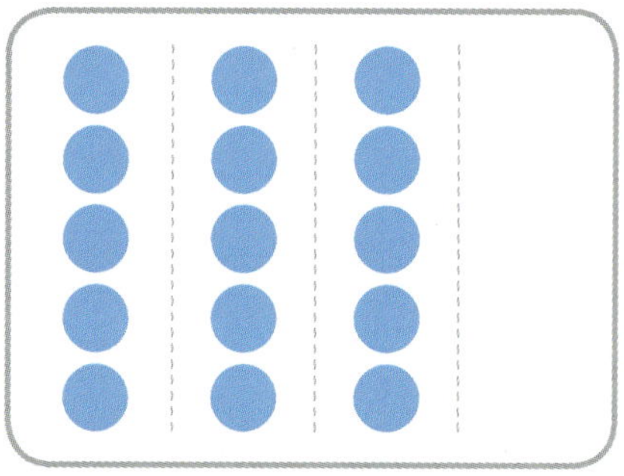

15 —1 큰 수→ ▢

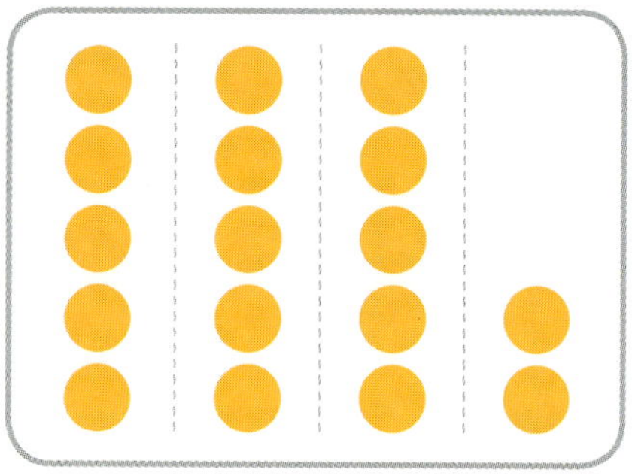

17 —1 큰 수→ ▢

태경이가 초콜릿 한 개를 먹으려고 해요.

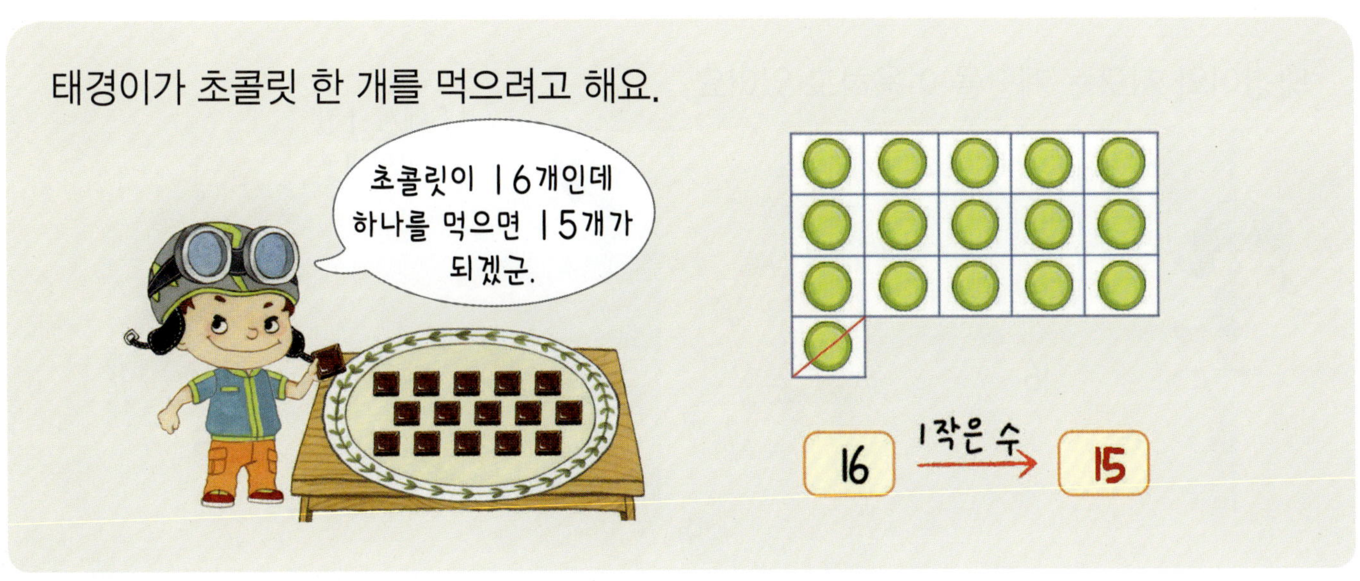

🌳 그림에서 하나를 ╱표 하고 ⬜ 안에 1 작은 수를 쓰세요.

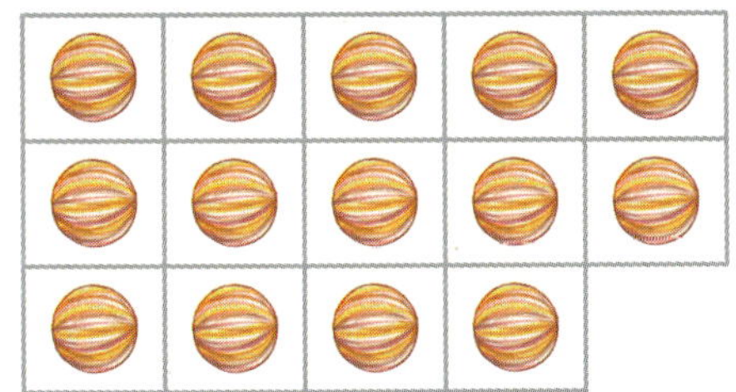

14   1 작은 수 →

19   1 작은 수 →

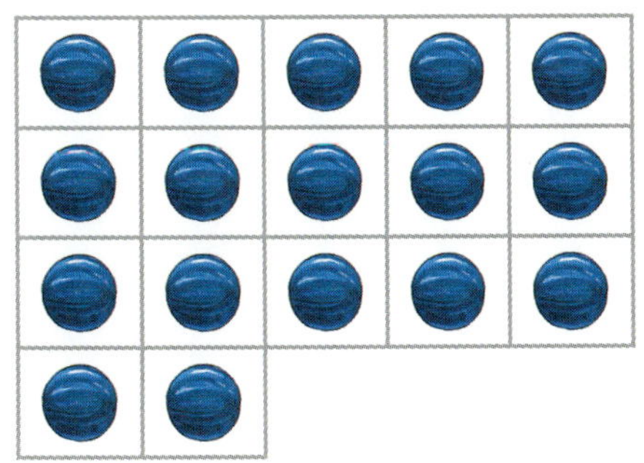

17   1 작은 수 →

20   1 작은 수 →

🌳 한 칸 내려가면 1 작은 수, 한 칸 올라가면 1 큰 수를 쓰세요.

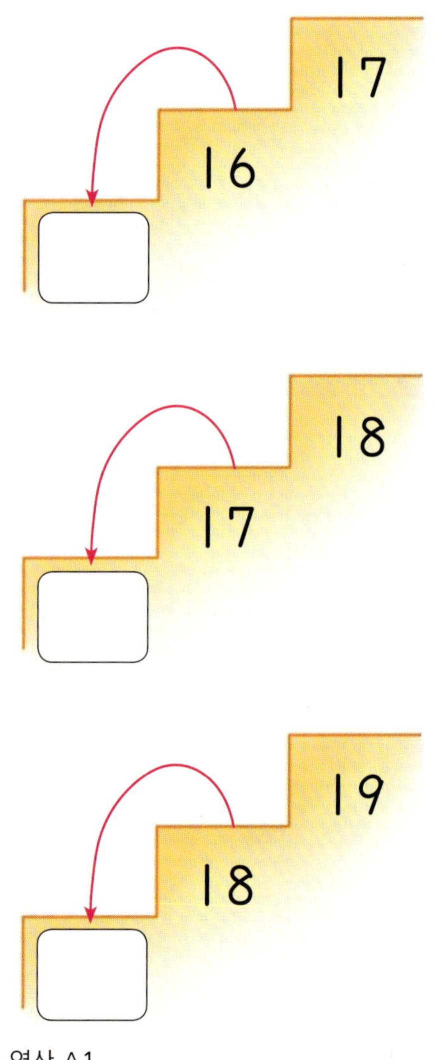

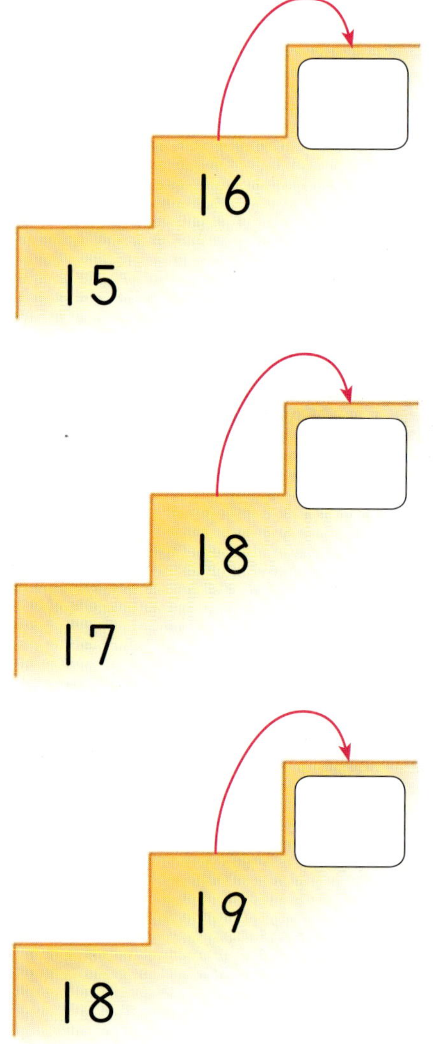

 🌱 I 작은 수와 I 큰 수를 ☐ 안에 쓰세요.

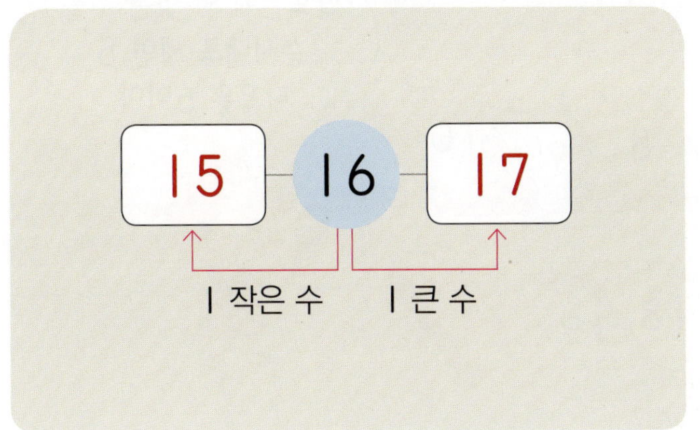

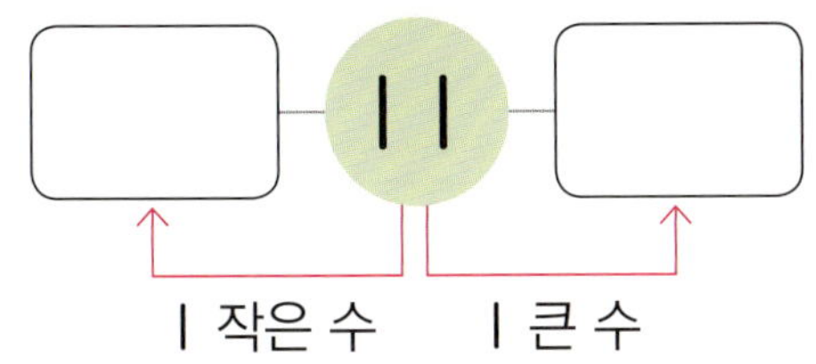

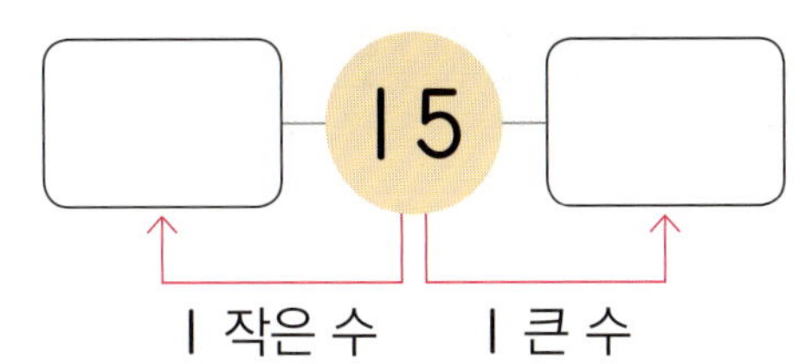

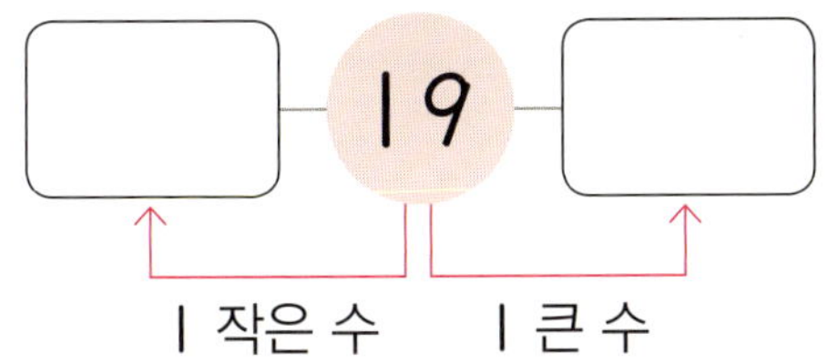

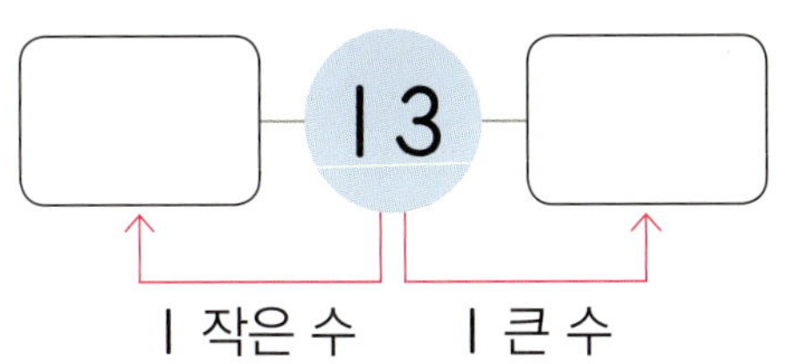

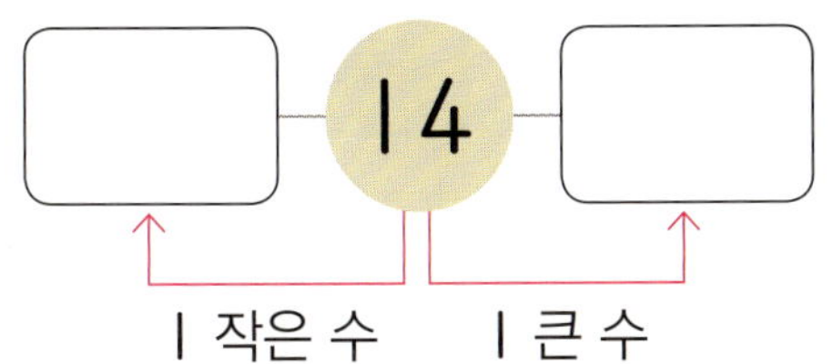

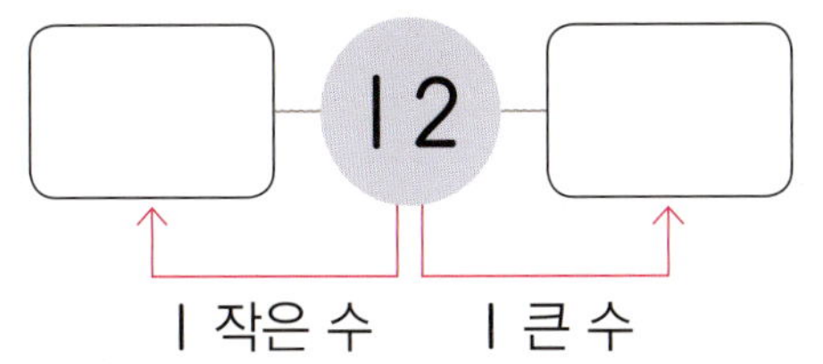

수의 순서

🌳 수의 순서대로 ☐ 안에 알맞은 수를 쓰세요.

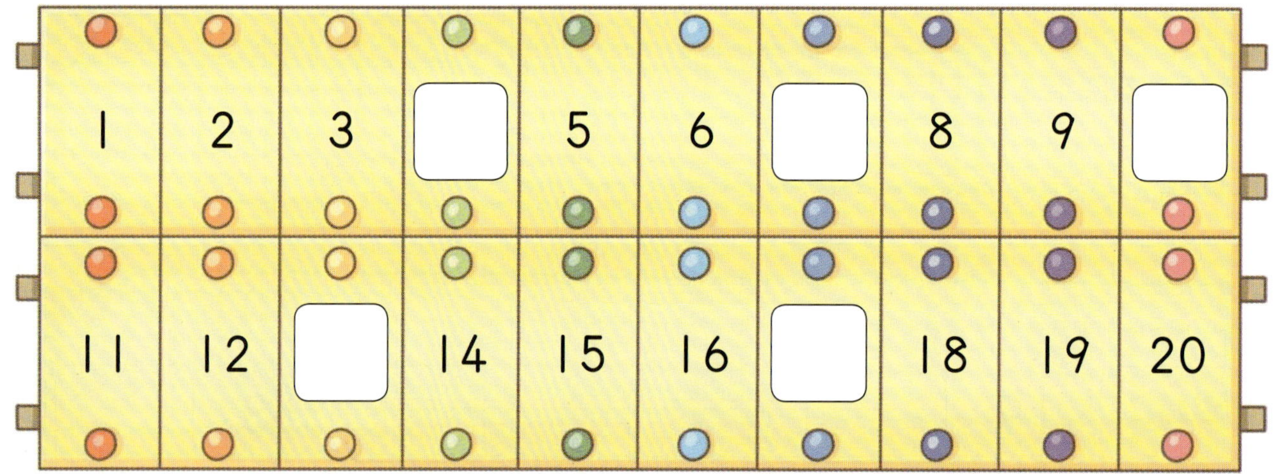

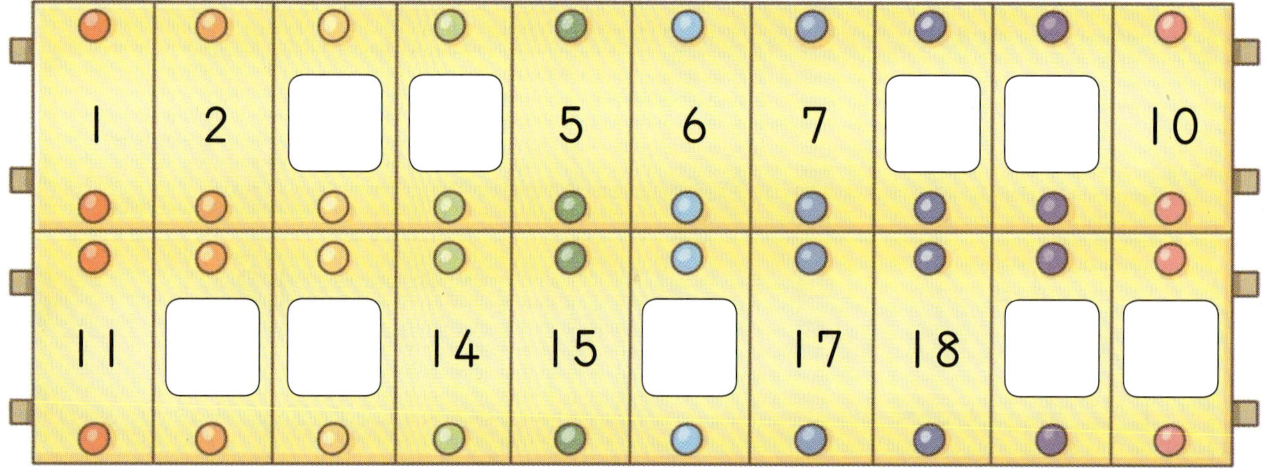

3 | 4 | 5 | 6 | 7

5 | 6 | ☐ | 8 | ☐

7 | ☐ | ☐ | 10 | 11

9 | ☐ | ☐ | 12 | 13

☐ | 14 | ☐ | 16 | 17

15 | 16 | 17 | ☐ | ☐

11 | 12 | ☐ | ☐ | 15

☐ | 14 | 15 | ☐ | 17

16 | 17 | ☐ | 19 | ☐

태경이가 사물함에 써 있는 수를 거꾸로 세고 있어요.

🌳 거꾸로 세어 ☐ 안에 알맞은 수를 쓰세요.

20	19	18	☐	☐	15	14	13	12	11
☐	9	8	☐	6	5	4	3	2	☐

20	19	☐	17	16	15	14	☐	12	11
10	☐	8	7	6	☐	☐	3	2	1

● 거꾸로 세어 ☐ 안에 알맞은 수를 쓰세요.

9 8 7 6 5

5 4 ☐ 2 ☐

8 ☐ ☐ 5 4

12 ☐ ☐ 9 8

☐ 13 ☐ 11 10

공부한 날

월

일

19 18 17 ☐ ☐

☐ ☐ 14 13 12

☐ 16 15 ☐ 13

20 19 ☐ 17 ☐

뛰어 세기와 묶어 세기

🌱 2씩 뛰어 ☐ 안에 알맞은 수를 쓰세요.

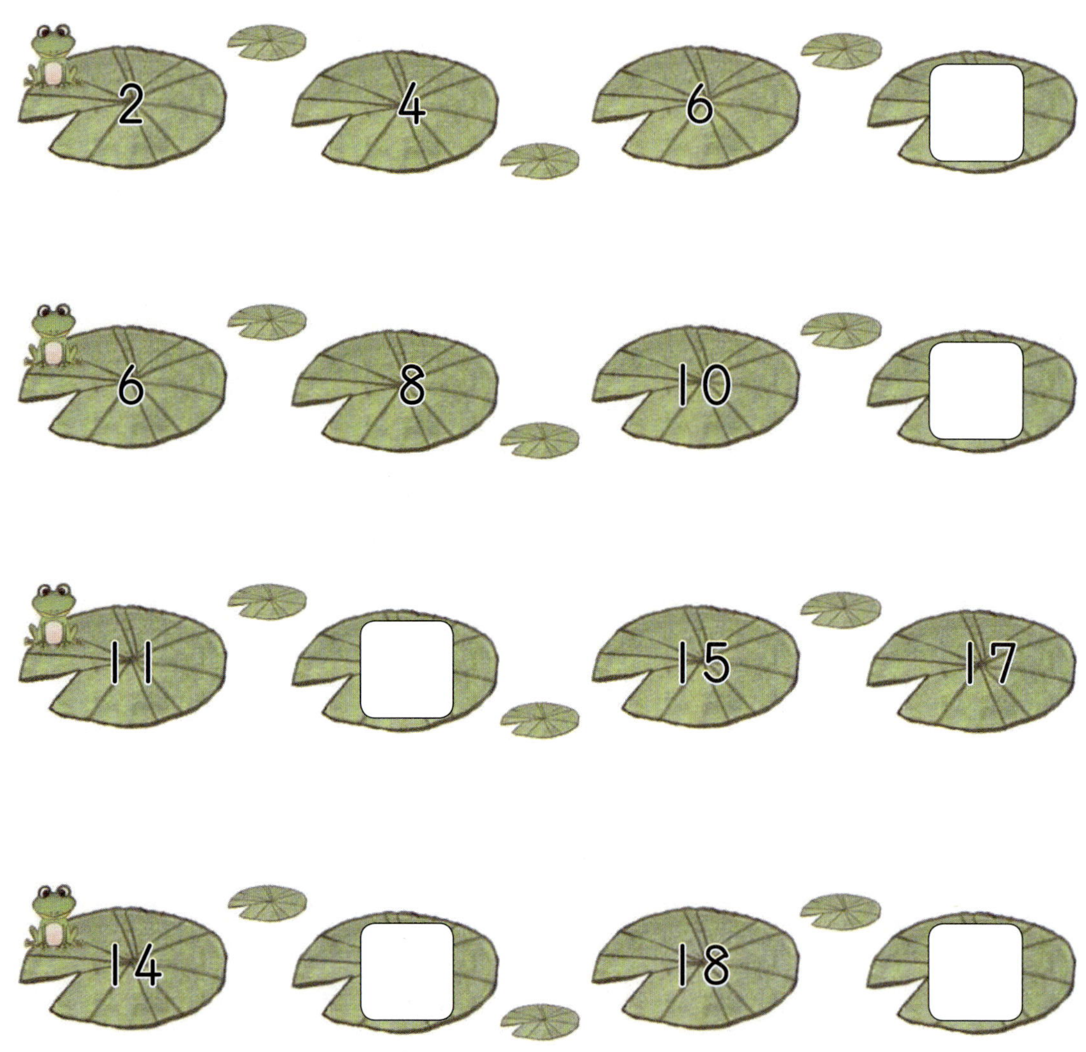

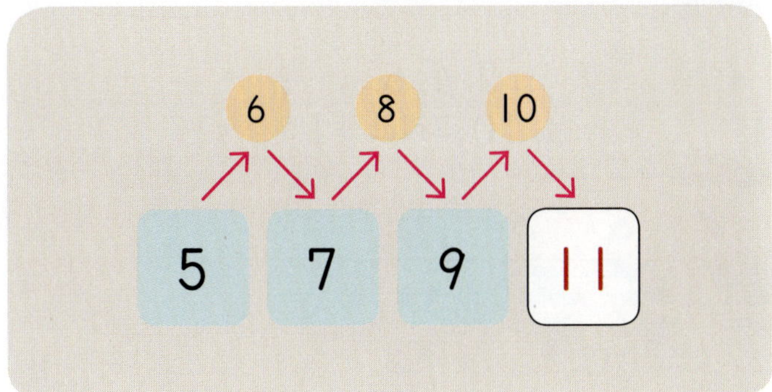

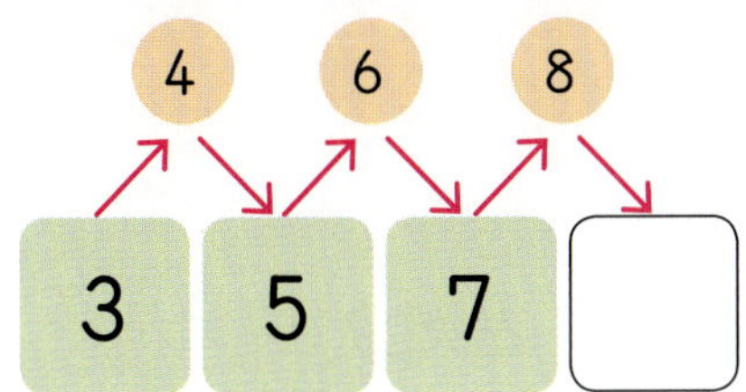

11 13 ⬜ 17

8 ⬜ 12 14

9 11 ⬜ 15

14 16 18 ⬜

6 8 10 ⬜

13 ⬜ 17 19

태경이와 지오는 딱지를 2개씩 묶어 세고 있어요.

🌲 2개씩 ⬭로 묶은 다음 개수를 세어 ☐ 안에 알맞은 수를 쓰세요.

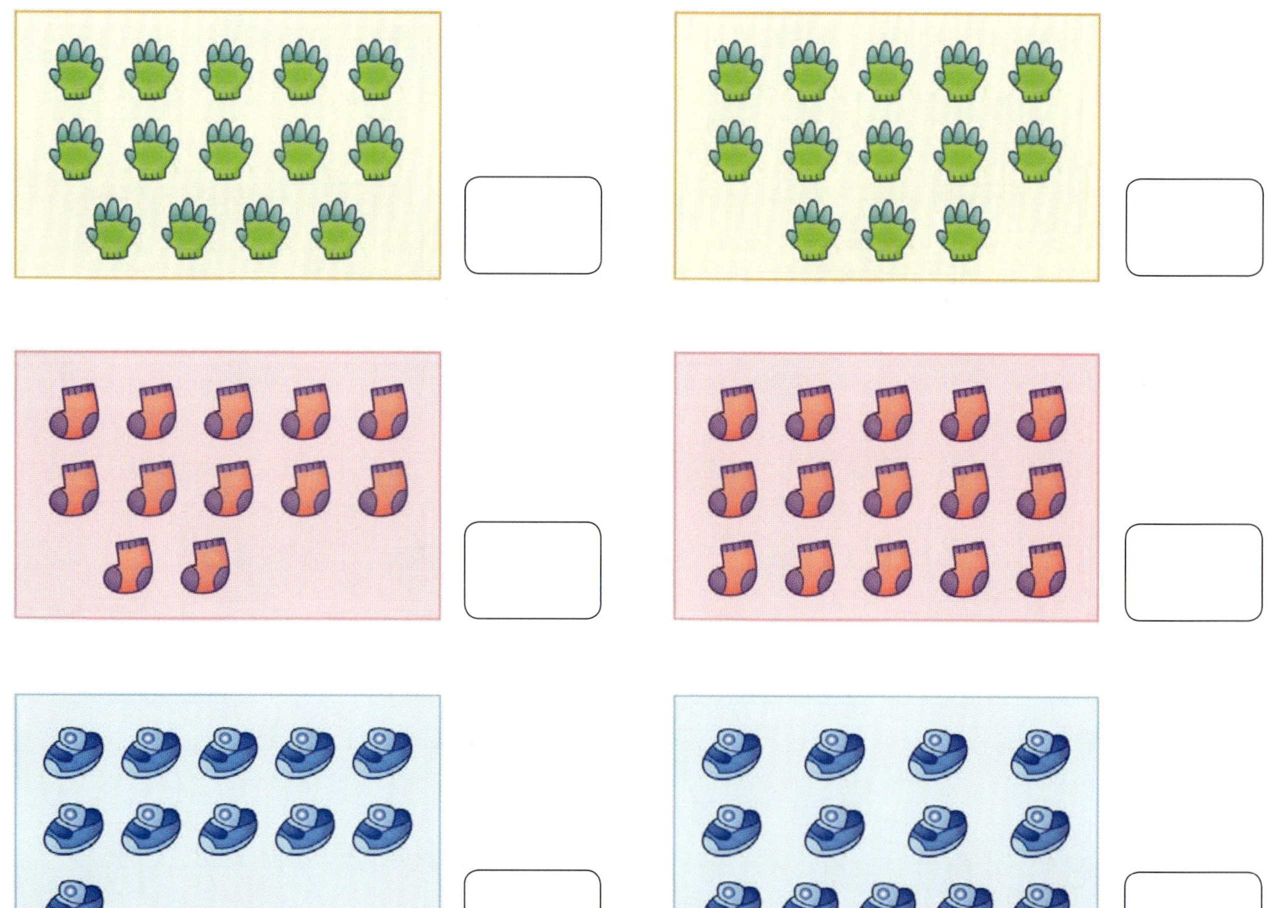

멀린은 큐브를 2개씩 묶은 다음 개수를 세고 있어요.

13

2개씩 ⬭로 묶은 다음 개수를 세어 ▢ 안에 알맞은 수를 쓰세요.

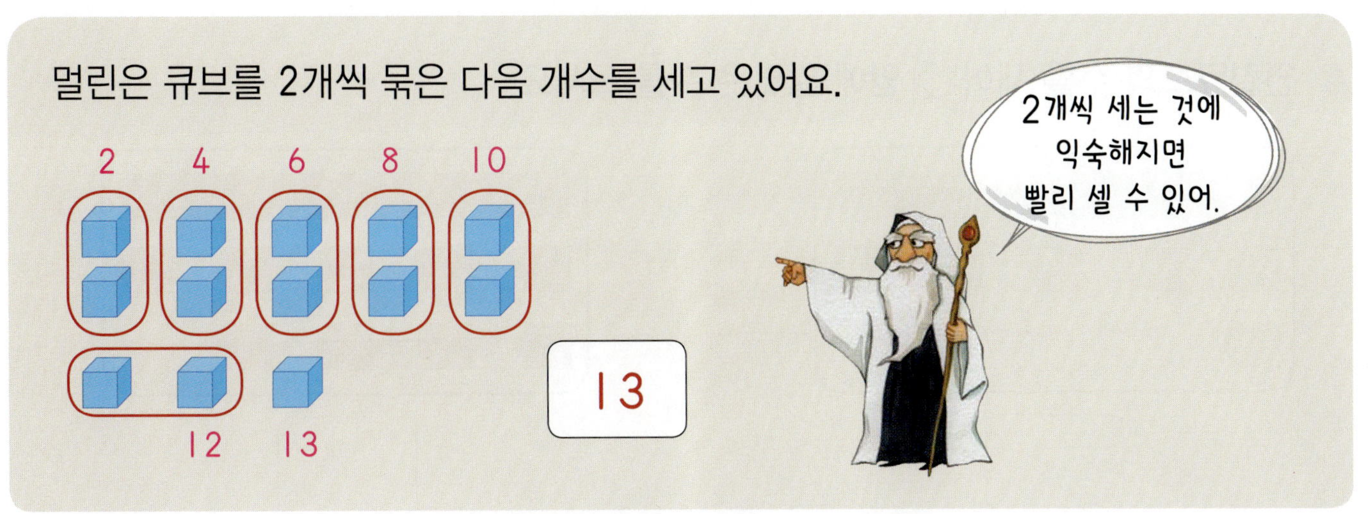

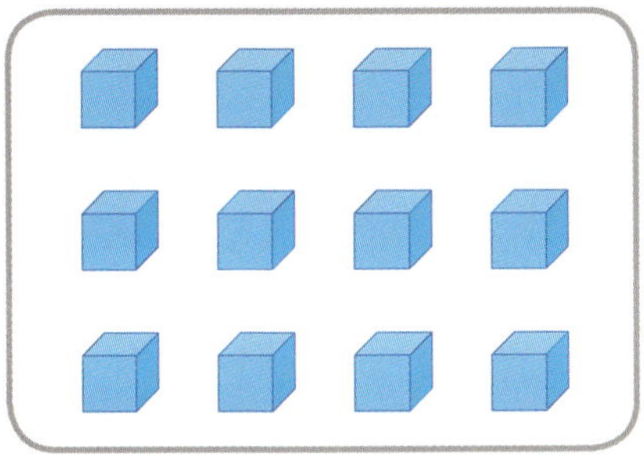

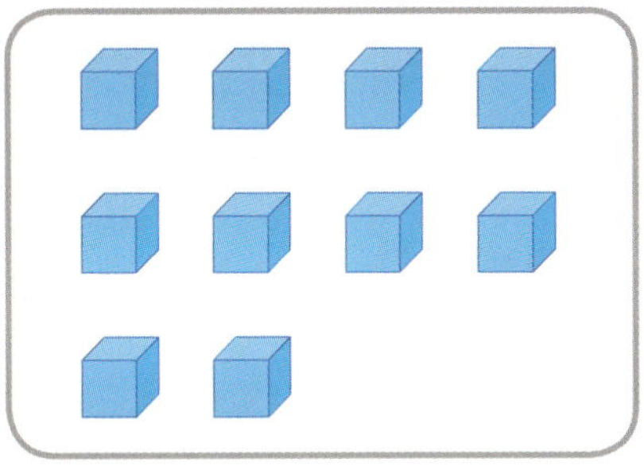

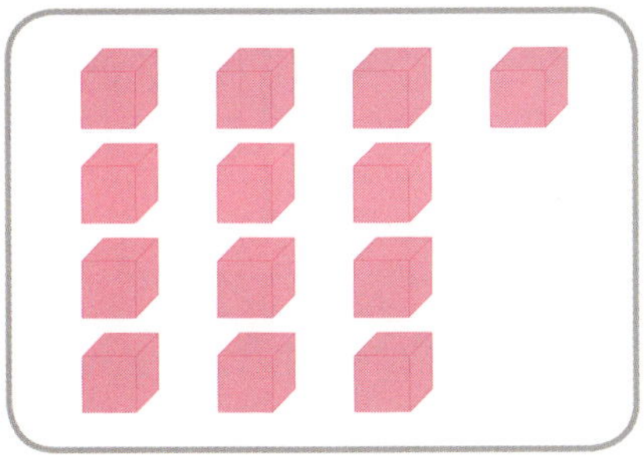

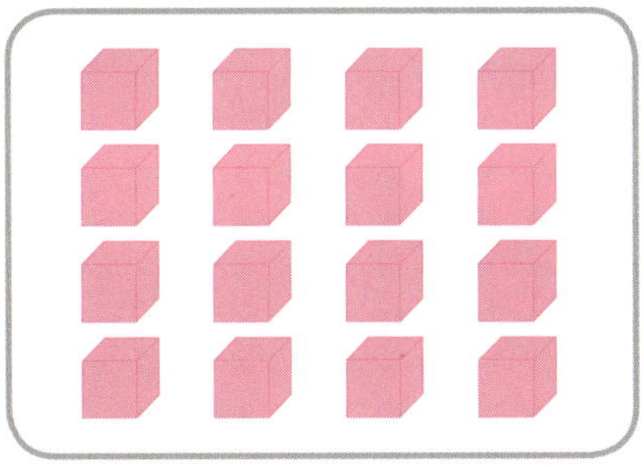

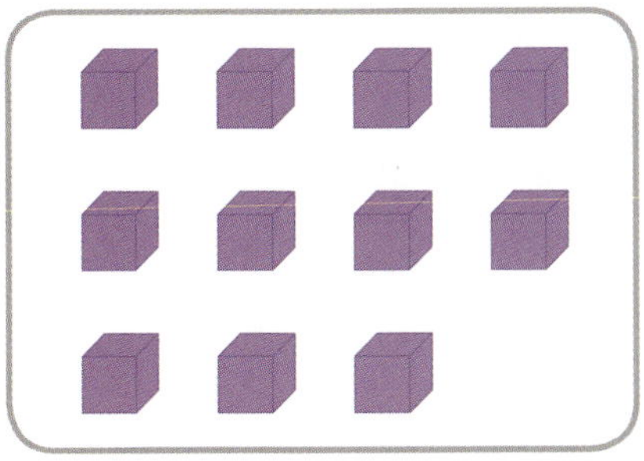

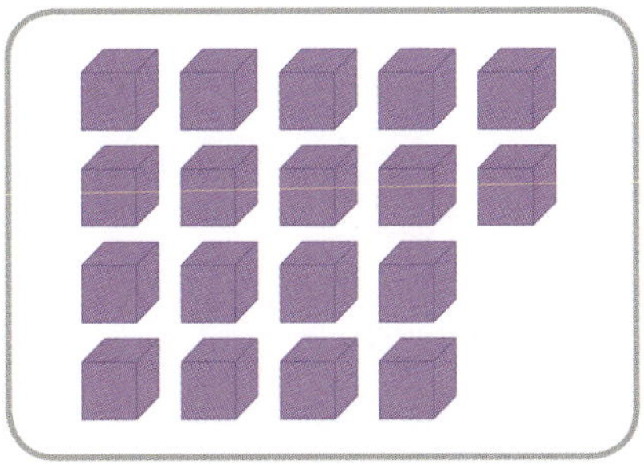

공부한 날
월
일

▲ 연결큐브의 수를 세어 ☐ 안에 알맞은 수를 쓰세요.

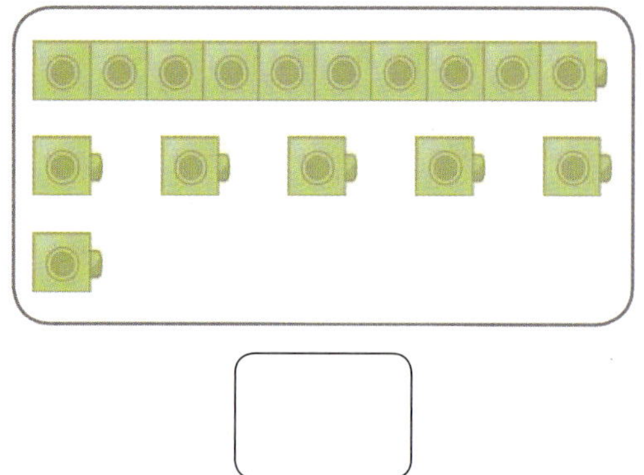

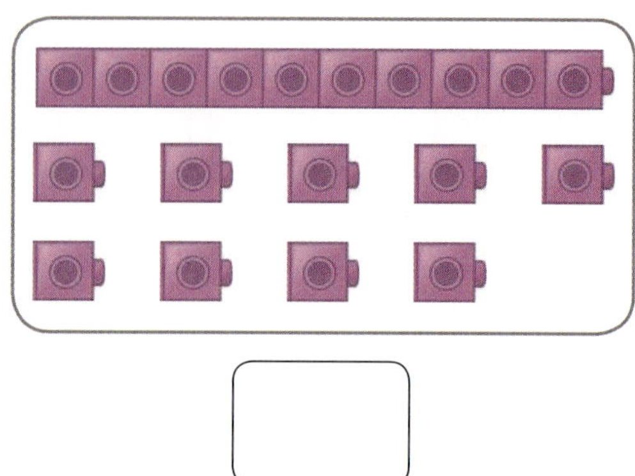

▲ 금액을 세어 ☐ 안에 알맞은 수를 쓰세요.

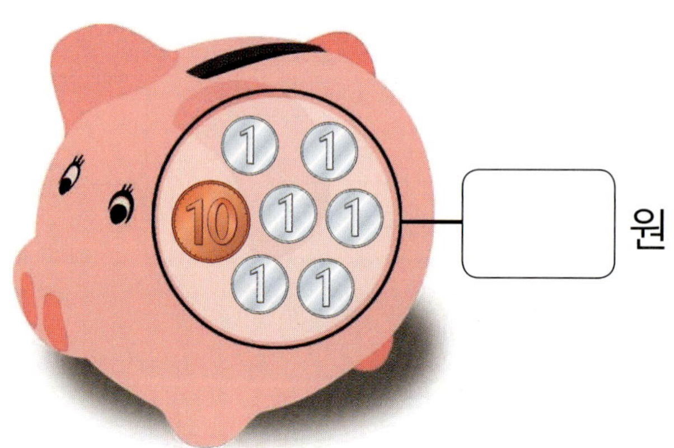

원

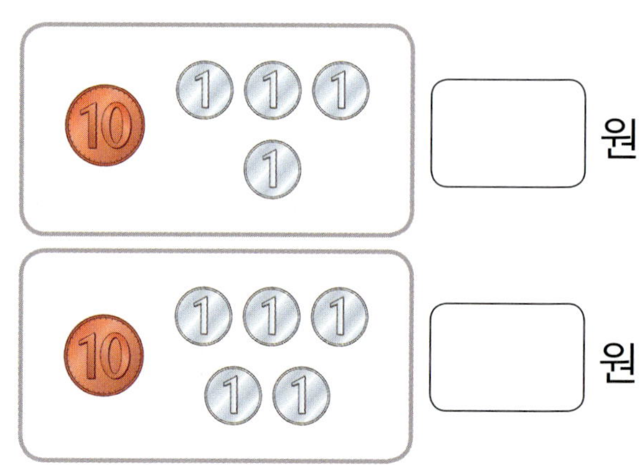

원

원

▲ 금액만큼 동전에 ∨표 하세요.

🌲 | 작은 수와 | 큰 수를 ☐ 안에 쓰세요.

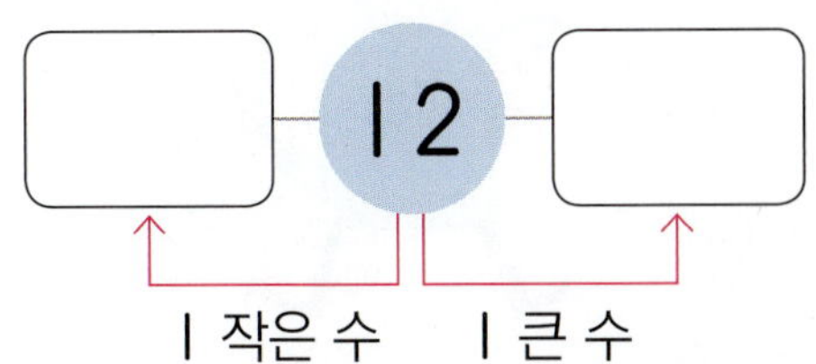

🌲 거꾸로 세어 ☐ 안에 알맞은 수를 쓰세요.

🌲 2씩 뛰어 ☐ 안에 알맞은 수를 쓰세요.

🌲 2개씩 ⬭로 묶은 다음 개수를 세어 ☐ 안에 알맞은 수를 쓰세요.

공부한 날

월

일

연산력 게임

모두 몇 마리일까요

토끼 동산에 있는 토끼는 모두 몇 마리일까요?

그림을 보고 모두 몇 마리인지 오른쪽에서 알맞은 수를 골라 손가락으로 눌러 주세요.
19를 누르면 정답입니다.

수의 순서를 알아볼까요?

그림을 보고 수의 순서대로 오른쪽에서 알맞은 풍선을 골라 빈 곳에 손가락으로 끌어서 넣으세요.
빈 곳에 11과 14를 차례대로 넣으면 정답입니다.

둥실둥실 풍선 여행

연산 보충 학습

5까지의 수

❖ 그림을 세어 ☐ 안에 알맞은 수를 쓰세요.

❖ 주사위의 점을 세어 ☐ 안에 알맞은 수를 쓰세요.

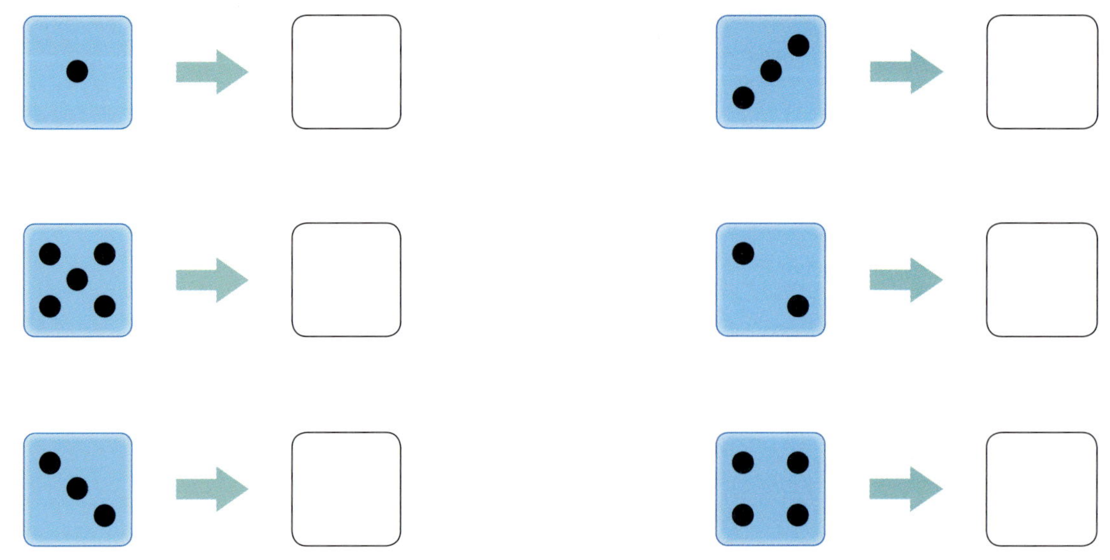

❖ 수의 순서대로 ☐ 안에 알맞은 수를 쓰세요.

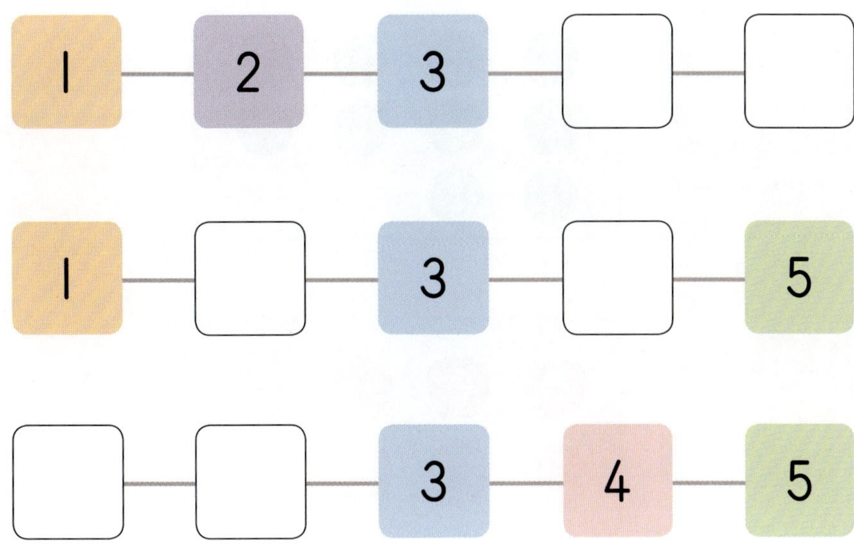

❖ 수를 거꾸로 세면서 ☐ 안에 알맞은 수를 쓰세요.

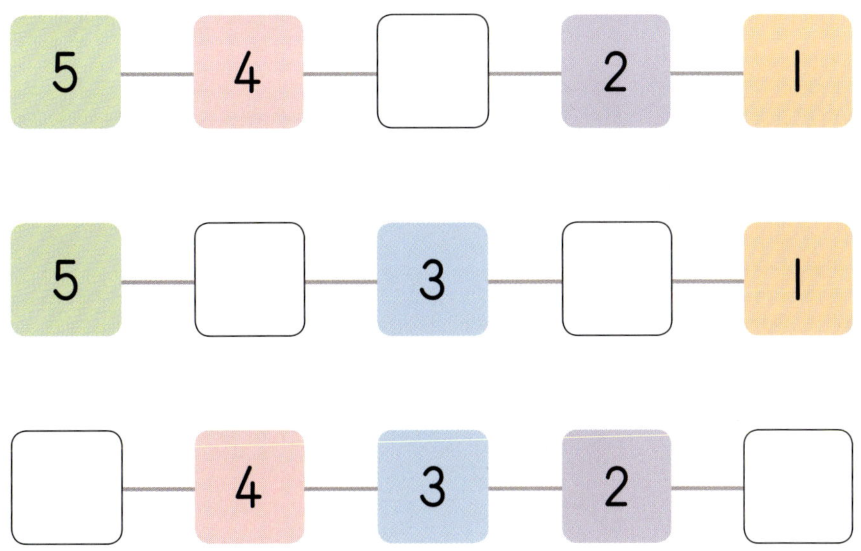

❖ 그림을 세어 ☐ 안에 알맞은 수를 쓰세요.

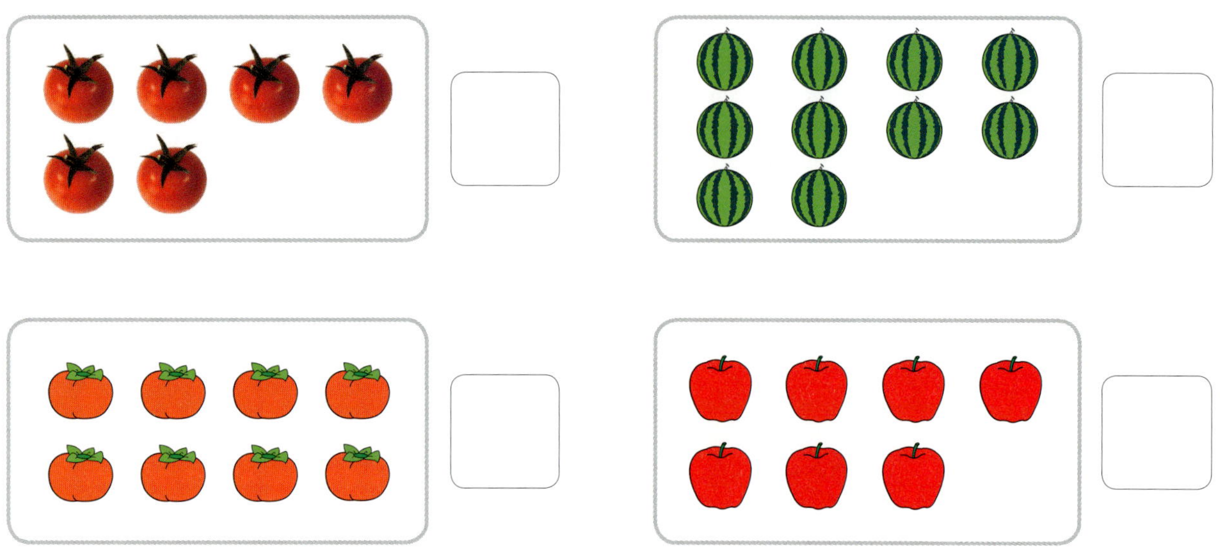

❖ 금액을 세어 ☐ 안에 알맞은 수를 쓰세요.

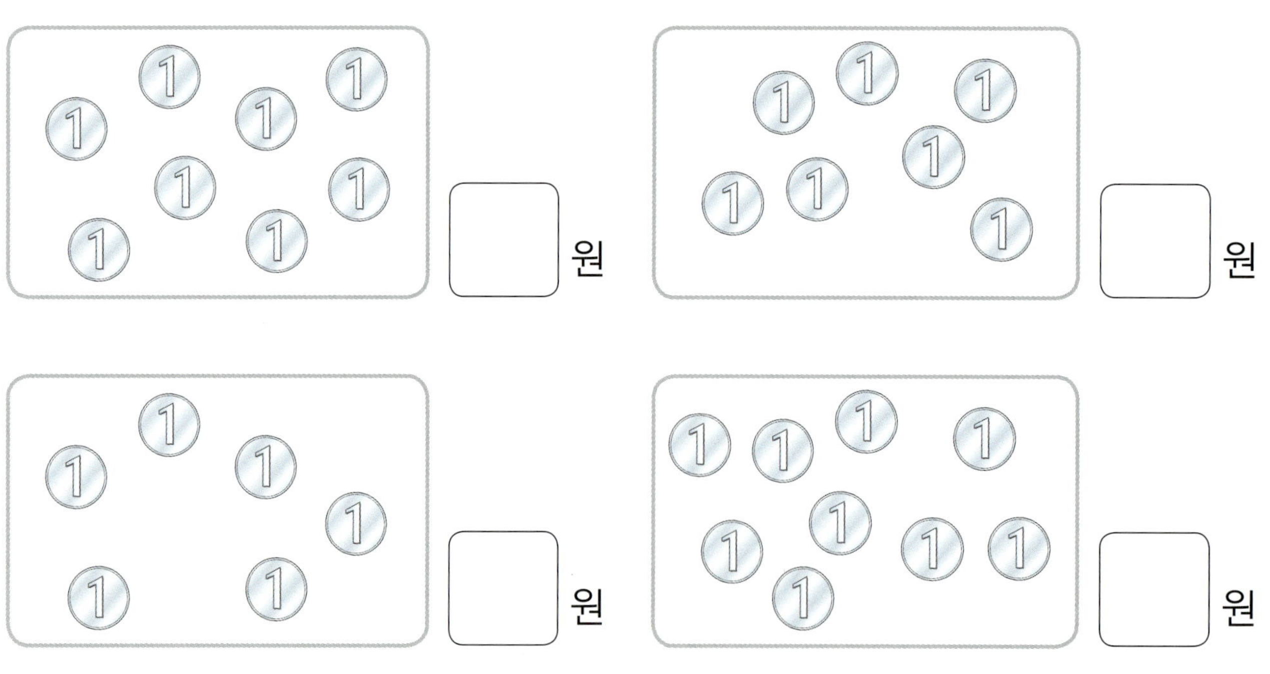

❖ Ⅰ부터 Ⅰ0까지의 수를 순서대로 선을 그으세요.

❖ 수를 거꾸로 세면서 ◯ 안에 알맞은 수를 쓰세요.

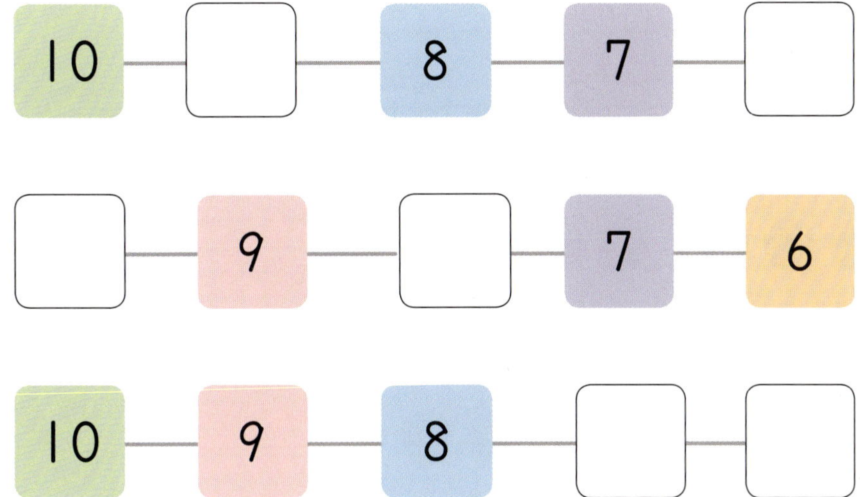

15까지의 수

❖ 그림을 세어 ☐ 안에 알맞은 수를 쓰세요.

❖ 주어진 수만큼 ⬭로 묶으세요.

11

14

13

❖ 왼쪽 수보다 1 큰 수를 ☐ 안에 쓰세요.

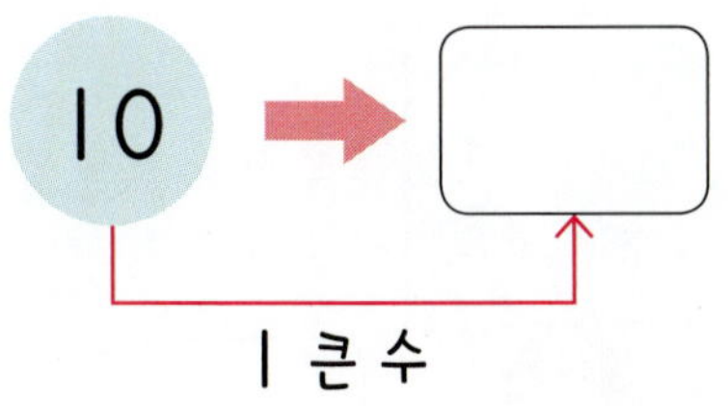

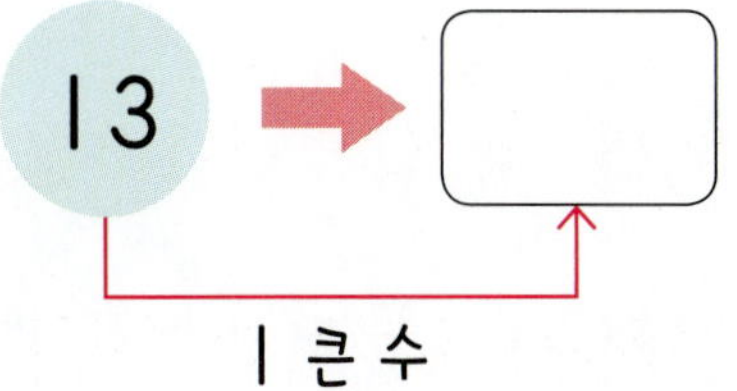

❖ 오른쪽 수보다 1 작은 수를 ☐ 안에 쓰세요.

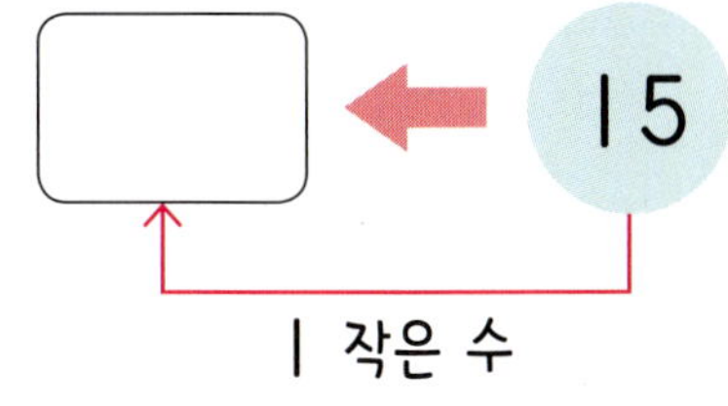

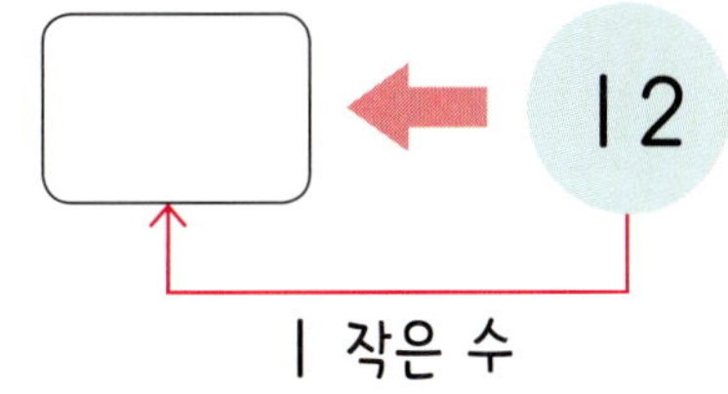

❖ 수의 순서대로 ☐ 안에 알맞은 수를 쓰세요.

| 11 | 12 | 13 | ☐ | 15 |

| 9 | ☐ | 11 | 12 | 13 |

❖ 거꾸로 세어 ☐ 안에 알맞은 수를 쓰세요.

| ☐ | 13 | 12 | 11 | 10 |

| 15 | 14 | 13 | ☐ | 11 |

20까지의 수

❖ 금액을 세어 ☐ 안에 알맞은 수를 쓰세요.

☐ 원

☐ 원

❖ | 작은 수와 | 큰 수를 ☐ 안에 쓰세요.

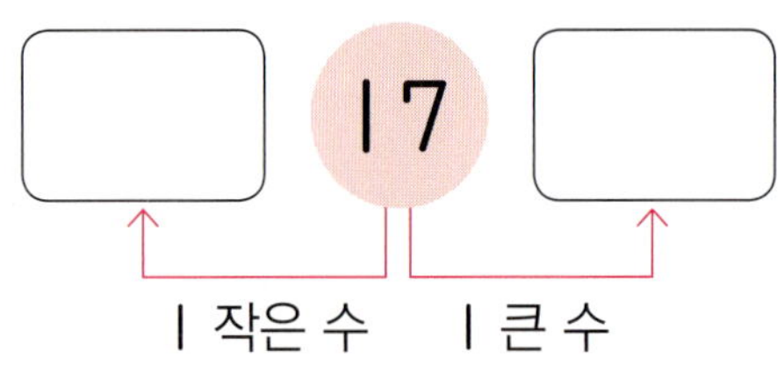

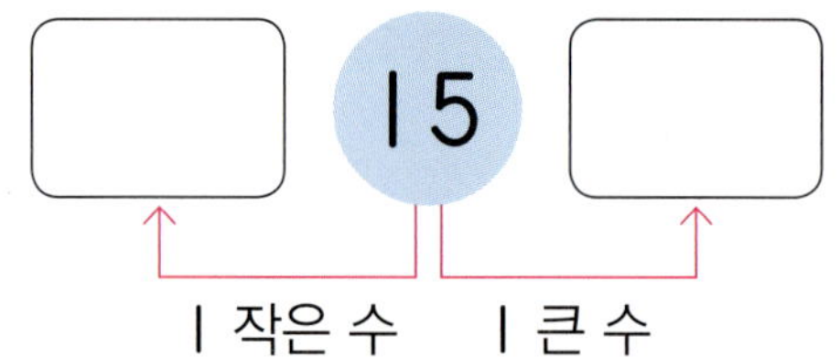

❖ 거꾸로 세어 ☐ 안에 알맞은 수를 쓰세요.

| 17 | 16 | 15 | ☐ | ☐ |

| 16 | ☐ | 14 | 13 | ☐ |

❖ 2씩 뛰어 ☐ 안에 알맞은 수를 쓰세요.

| 8 | 10 | 12 | ☐ | ☐ |

| 11 | ☐ | 15 | 17 | ☐ |

1 손가락으로 세기

6
7
태경이와 지오는 손가락으로 사탕과 과자를 세고 있어요.
사탕이 2개 있어.
과자는 4개야.
펼친 손가락만큼 ◯◯로 묶으세요.
펼친 손가락만큼 태경이가 동그라미를 색칠했어요.
손가락 2개를 펼치면 동그라미 2개를 색칠해.
펼친 손가락만큼 ◯를 색칠하세요.
6 연산 A1
5까지의 수 7

8
9
지오는 손가락으로 수를 세고 있어요.
손가락을 하나씩 펼치면서 수를 세어 봐.
손가락이 나타내는 수를 따라 쓰세요.
펼친 손가락이 나타내는 수를 ☐ 안에 쓰세요.
하나, 둘, 셋 손가락을 펼친 수는 3이야.
3
공부한 날
월
일
8 연산 A1
5까지의 수 9

2 수 세기

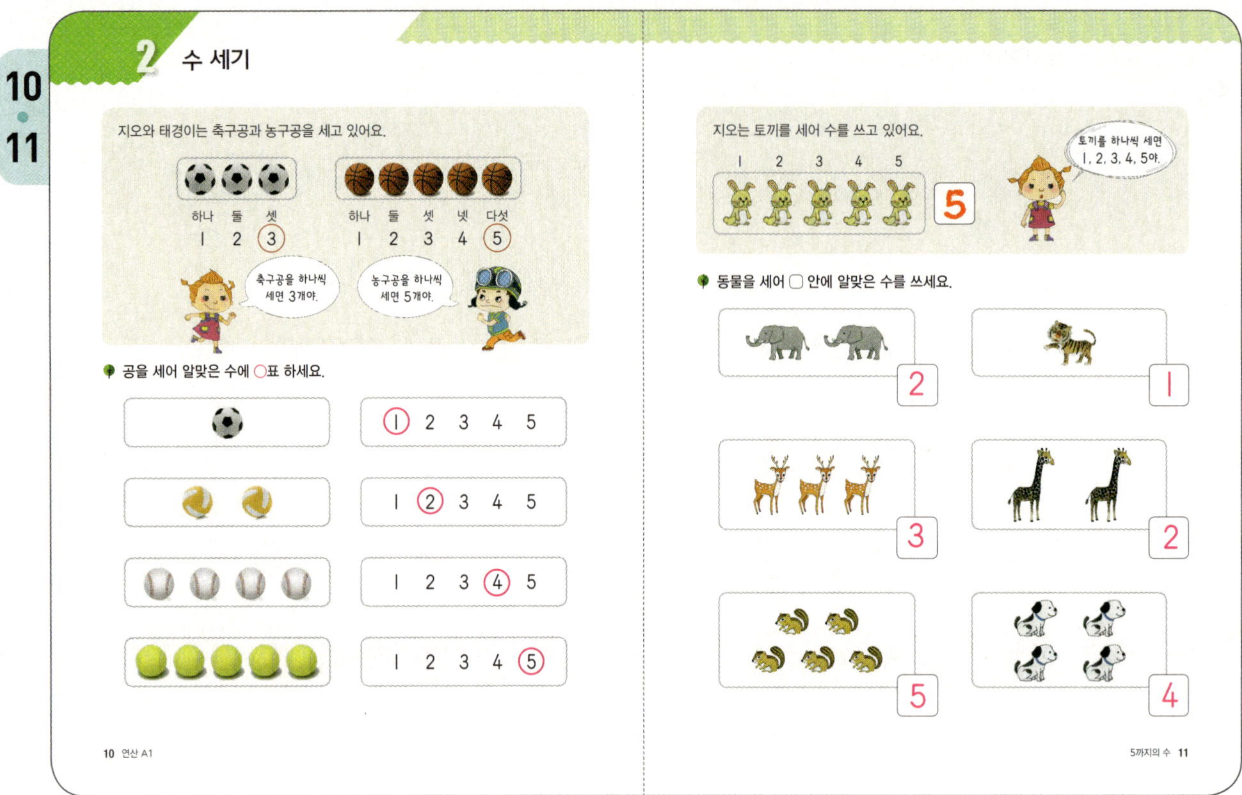
지오와 태경이는 축구공과 농구공을 세고 있어요.
하나 둘 셋
1 2 3
하나 둘 셋 넷 다섯
1 2 3 4 5
축구공을 하나씩 세면 3개야.
농구공을 하나씩 세면 5개야.
공을 세어 알맞은 수에 ○표 하세요.
1 2 3 4 5
1 2 3 4 5
1 2 3 4 5
1 2 3 4 5
지오는 토끼를 세어 수를 쓰고 있어요.
1 2 3 4 5
5
토끼를 하나씩 세면 1, 2, 3, 4, 5야.
동물을 세어 □ 안에 알맞은 수를 쓰세요.
2
1
3
2
5
4
10 연산 A1
5까지의 수 11

태경이는 수만큼 그림을 색칠해요.
1
2
3
4
5
3은 세 칸에 색칠하면 돼.
다음 수만큼 붙임 딱지를 붙이세요. ➡ 책 앞에 있는 붙임 딱지를 사용하세요.
1
5
4
2
지오는 색칠된 동그라미를 세어 수를 쓰고 있어요.
하나 둘 셋 넷
4
색칠된 동그라미를 하나씩 세면 하나, 둘, 셋, 넷.
색칠된 동그라미를 세어 □ 안에 알맞은 수를 쓰세요.
2
1
3
5
색칠되지 않은 동그라미는 세지 마!
공부한 날
월
일
12 연산 A1
5까지의 수 13

3 주사위의 점과 수

지오와 태경이는 주사위의 점을 세고 있어요.
4
정이 4개니까 4에 ○표 해.
● 점의 개수에 맞는 수를 찾아 ○표 하세요.
1 2 ③ 4 5
① 2 3 4 5
1 2 3 4 ⑤
1 ② 3 4 5
14 연산 A1
고양이는 주사위의 앞에 보이는 점을 세고 있어요.
점을 세면 하나, 둘, 셋이므로 3이야.
잘 모르겠어. 엉엉~
3
● 주사위의 점을 세어 □ 안에 알맞은 수를 쓰세요.
5
2
3
4
2
1
여기에는 점이 하나뿐이네.
5까지의 수 15

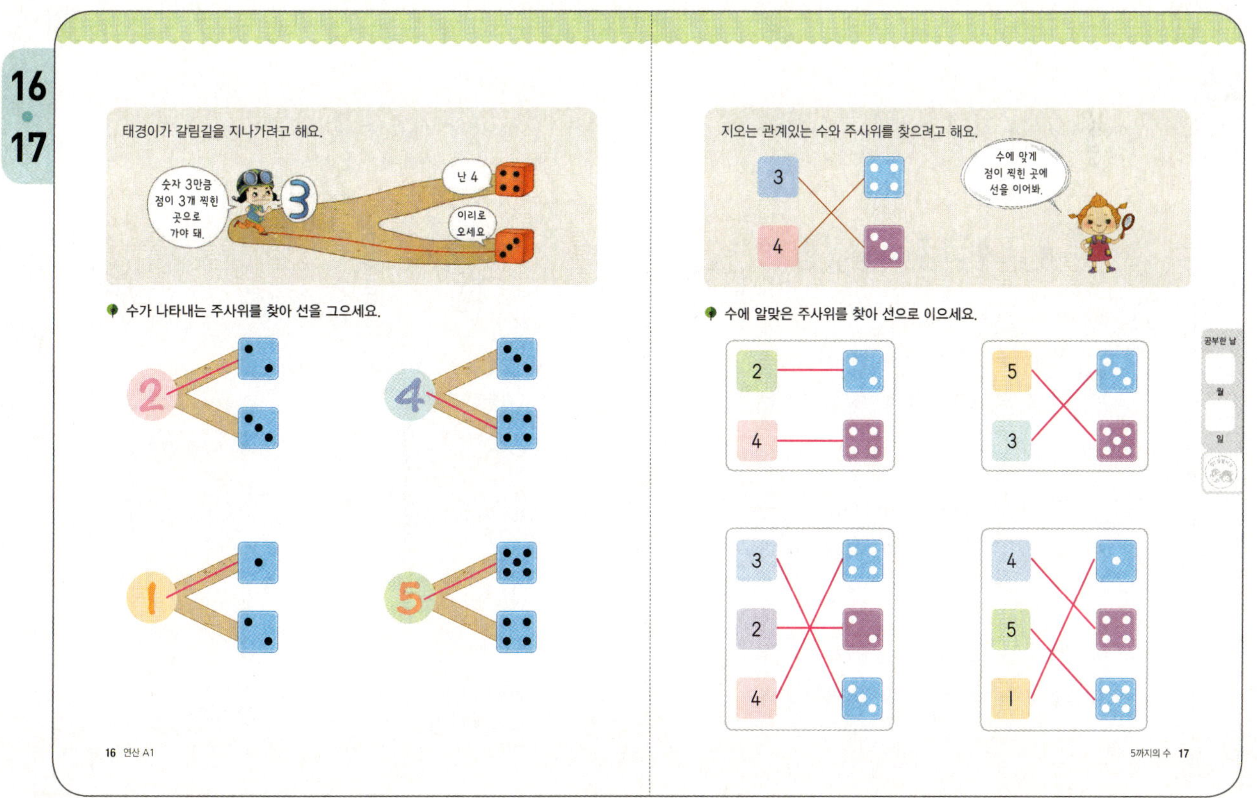

태경이가 갈림길을 지나가려고 해요.
숫자 3만큼 점이 3개 찍힌 곳으로 가야 돼.
3
난 4
이리로 오세요
● 수가 나타내는 주사위를 찾아 선을 그으세요.
2
4
1
5
16 연산 A1
지오는 관계있는 수와 주사위를 찾으려고 해요.
3
4
수에 맞게 점이 찍힌 곳에 선을 이어봐.
● 수에 알맞은 주사위를 찾아 선으로 이으세요.
2
4
5
3
3
2
4
4
5
1
공부한 날
월
일
5까지의 수 17

4 순서대로 세기

4 연산 A1

5 거꾸로 세기

지오는 고리에서 원반을 하나씩 빼고 있어요.
수를 거꾸로 세면
5, 4, 3, 2, 1
5 4 3 2 1

수를 거꾸로 세면서 ☐ 안에 알맞은 수를 쓰세요.
5 4 3 2 1
5 4 3 2 1
5 4 3 2 1

태경이는 장난감 로켓을 발사하려고 해요.
5초 후에 로켓이 발사될 거야.
5 4 3 2 1
5, 4, 3, 2, 1

수를 거꾸로 세면서 ☐ 안에 알맞은 수를 쓰세요.
5 4 3 2 1
5 4 3 2 1
5 4 3 2 1
5 4 3 2 1
5부터 거꾸로 세어 봐.

장난감 기차가 방향을 바꾸어 달리고 있어요.
5, 4, 3, 2, 1의 순서에 맞게 써넣어.
5 4 3 2 1
axiom

수를 거꾸로 세면서 빈 곳에 알맞은 수를 쓰세요.
5 4 3 2 1
5 4 3 2 1
5 4 3 2 1

지오는 수를 거꾸로 세면서 미끄럼틀을 타고 내려오려고 해요.
위에서부터 5, 4, 3, 2, 1로 줄어들어.
5 4 3 2 1

수를 거꾸로 세면서 빈 곳에 알맞은 수를 쓰세요.
5 4 3 2 1
5 4 3 2 1
5 4 3 2 1
5 4 3 2 1
공부한 날
월
일

26
27

무엇을 배웠을까요

30
31

6 손가락으로 세기

손가락으로 수를 세고 읽어 보세요.

6　7　8　9　10
육, 여섯　칠, 일곱　팔, 여덟　구, 아홉　십, 열

손가락이 나타내는 수를 읽고 따라 쓰세요.

육
여섯　6　6　6　6　6

칠
일곱　7　7　7　7　7

팔
여덟　8　8　8　8　8

구
아홉　9　9　9　9　9

십
열　10　10　10　10　10

손가락이 나타내는 수를 □ 안에 쓰세요.

8

7　9

6　10

5　8

7 수 세기

지오가 볼링공을 던졌을 때 쓰러지지 않은 볼링핀의 수를 세고 있어요.

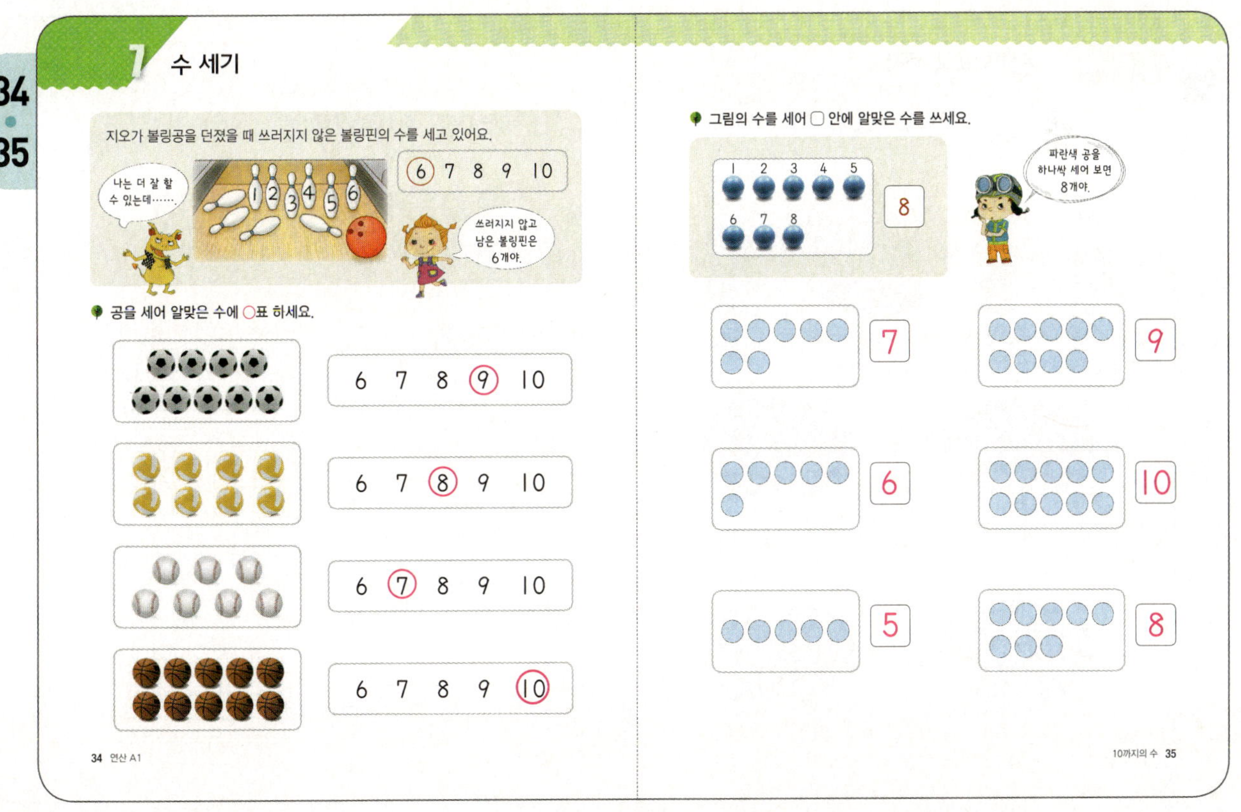

⑥ 7 8 9 10

공을 세어 알맞은 수에 ◯표 하세요.

6　7　8　⑨　10

6　7　⑧　9　10

6　⑦　8　9　10

6　7　8　9　⑩

그림의 수를 세어 □ 안에 알맞은 수를 쓰세요.

8

7　9

6　10

5　8

36 · 37

태경이와 지오가 모래사장에서 조개를 모았어요.

● 주어진 수만큼 ★의 수를 세어 ◯로 묶으세요.

9　　6

10　　8

● 주어진 수만큼 붙임 딱지를 붙이세요. ➡ 책 앞에 있는 붙임 딱지를 사용하세요.

6

9　　10

7　　8

공부한 날
월
일

---

38 · 39

8 동전의 금액 세기

돼지 저금통에 1원짜리 동전이 7개 들어 있어요.

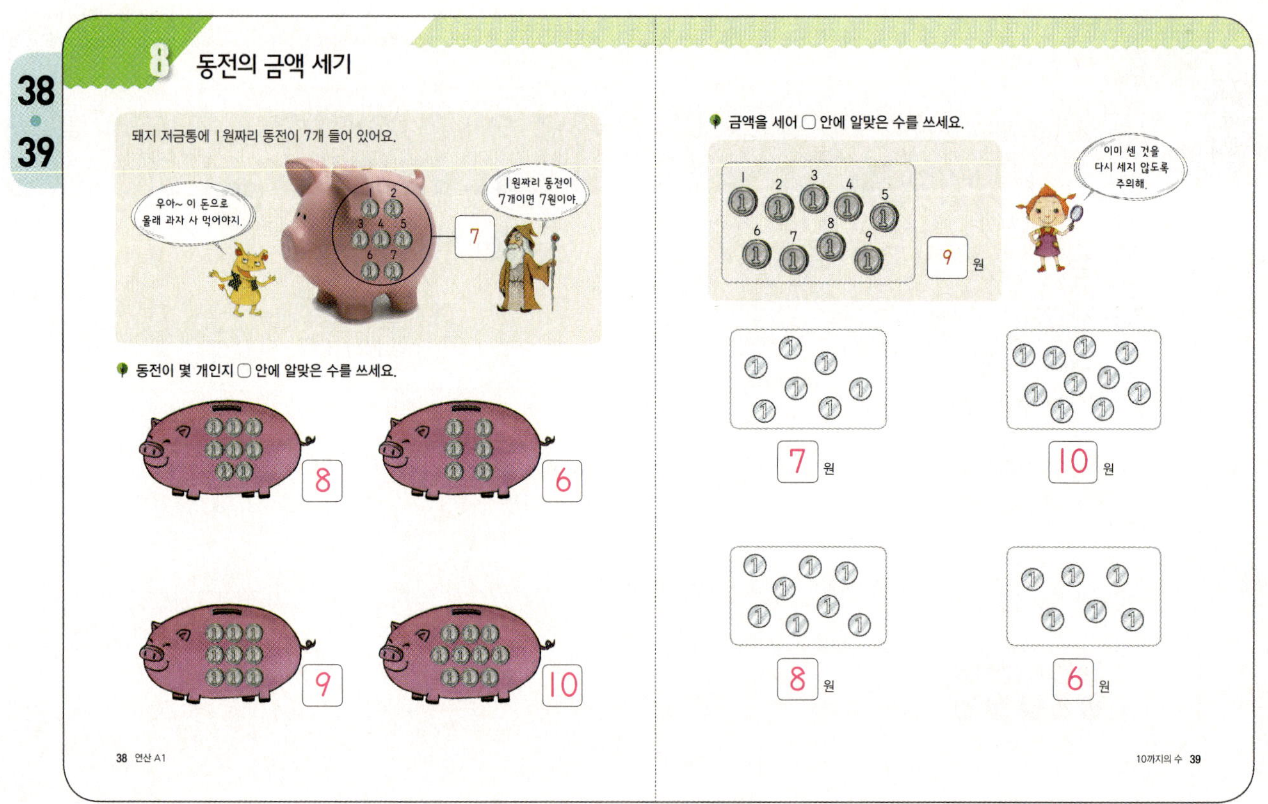

8 연산 A1

지오가 Ⅰ원짜리 동전을 넣고 인형 뽑기를 하고 있어요.

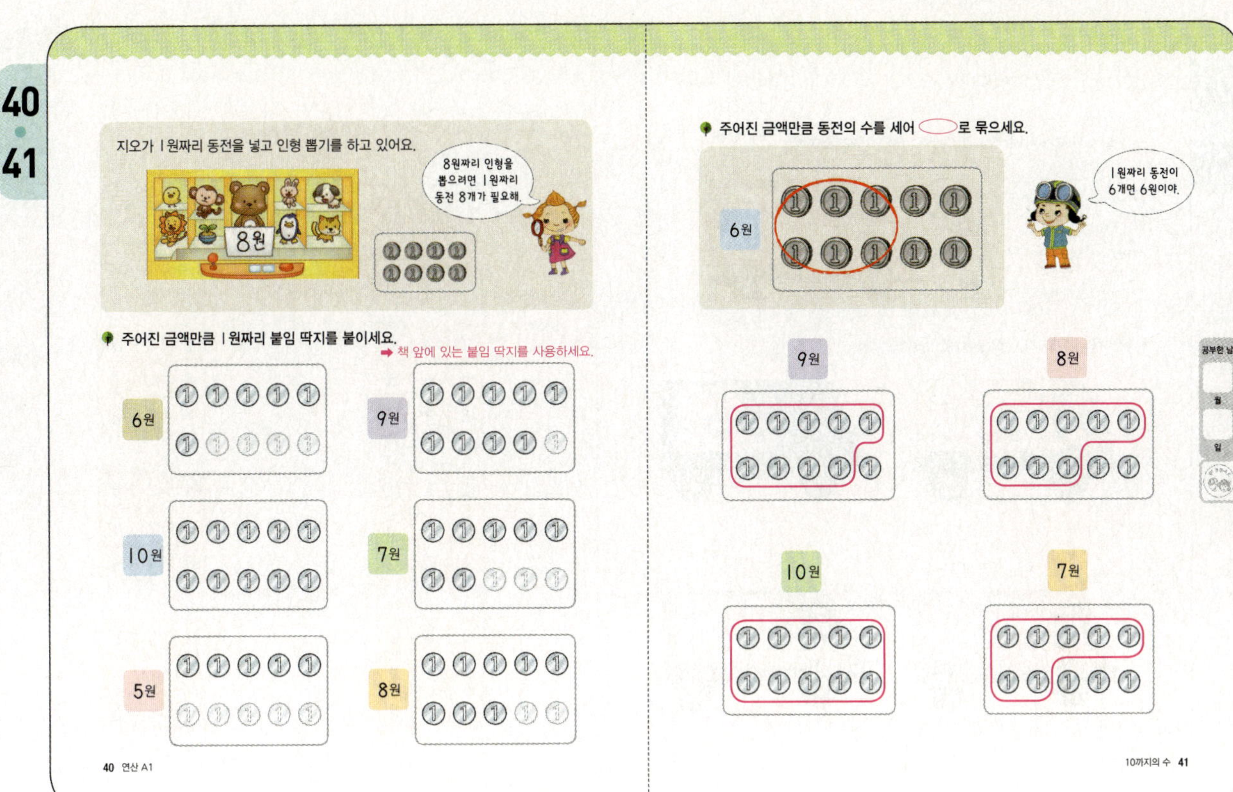

9 순서대로 세기

지오가 계단을 5부터 10까지 한 칸씩 올라가고 있어요.

정답 **9**

44 45

46 47

10 거꾸로 세기

동물 친구들이 숫자를 거꾸로 세어 말하고 있어요.

🌱 주어진 수부터 거꾸로 세면서 선을 그으세요.

1 0부터 6까지

7부터 3까지

9부터 5까지

1 0부터 6까지

🌱 1 0부터 1까지의 수를 거꾸로 세면서 선을 그으세요.

🧩 무엇을 배웠을까요

🌲 펼친 손가락의 수만큼 그림을 색칠하세요.

🌲 토마토와 수박의 수를 각각 세어 알맞은 수에 ◯표 하세요.

(6 7 8 9 ⑩)

(6 7 ⑧ 9 10)

🌲 금액을 세어 얼마인지 ◯ 안에 알맞은 수를 쓰세요.

7 원

10 원

🌲 수의 순서대로 빈 곳에 알맞은 수를 쓰세요.

🌲 5부터 10까지의 수를 순서대로 선을 그으세요.

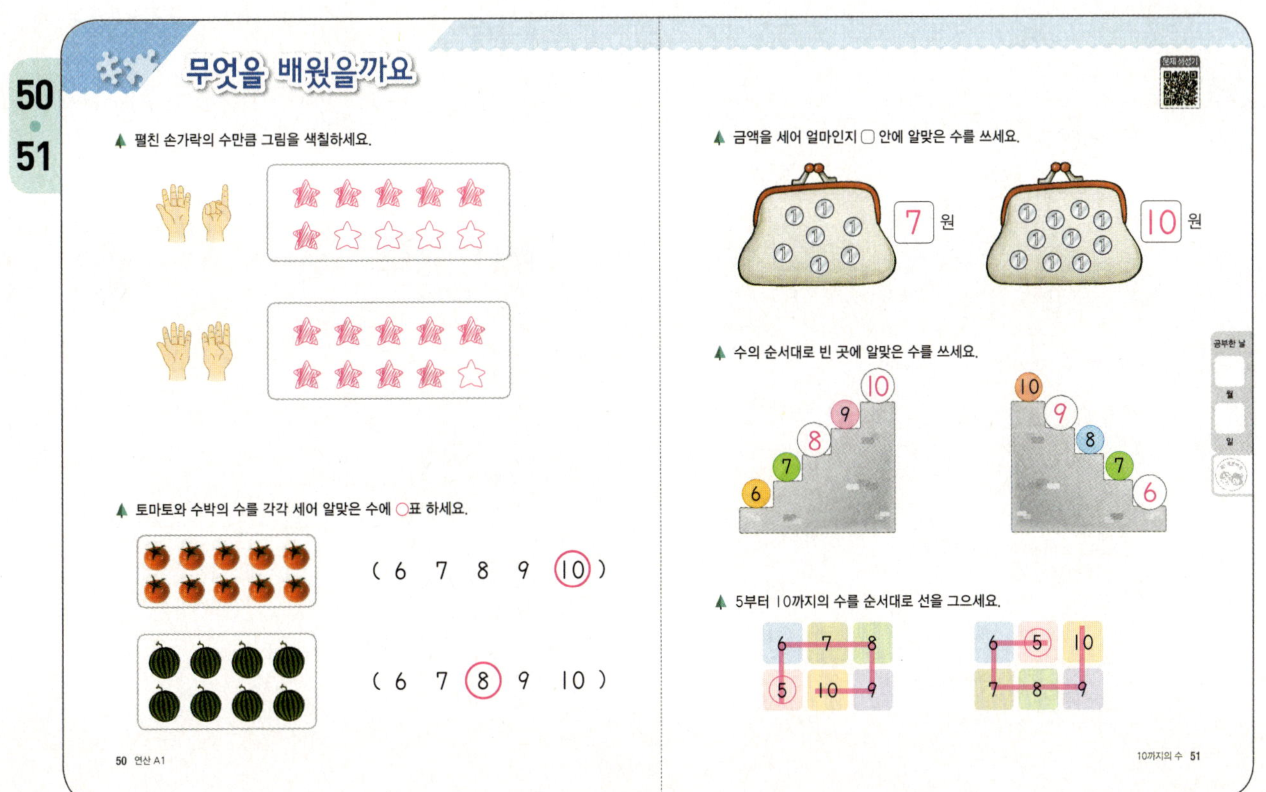

11 10보다 큰 수

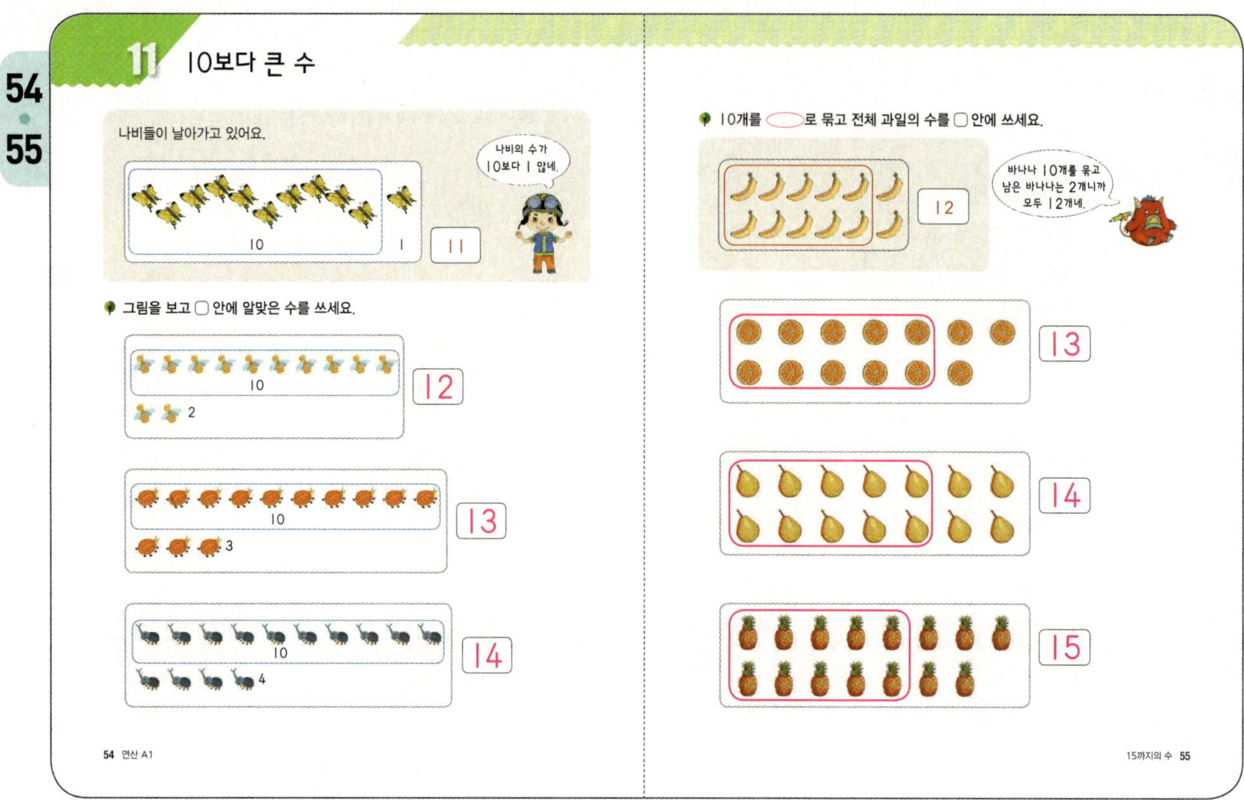
54
55
나비들이 날아가고 있어요.
나비의 수가
10보다 1 많네.
10
1
11
그림을 보고 ☐ 안에 알맞은 수를 쓰세요.
10
2
12
10
3
13
10
4
14
54 연산 A1
10개를 ☐로 묶고 전체 과일의 수를 ☐ 안에 쓰세요.
바나나 10개를 묶고
남은 바나나는 2개니까
모두 12개네.
12
13
14
15
15까지의 수 55

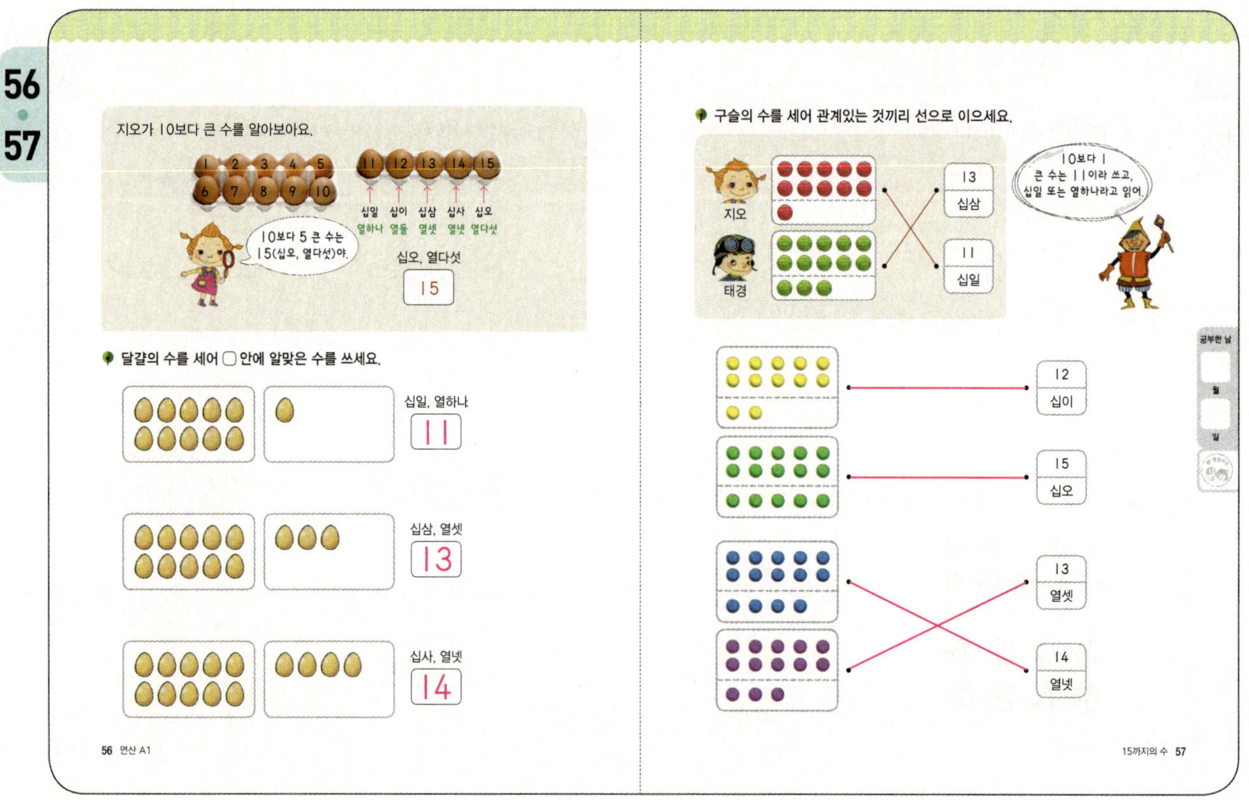
56
57
지오가 10보다 큰 수를 알아보아요.
1 2 3 4 5
6 7 8 9 10
11 12 13 14 15
십일 십이 십삼 십사 십오
열하나 열둘 열셋 열넷 열다섯
10보다 5 큰 수는
15(십오, 열다섯)야.
십오, 열다섯
15
달걀의 수를 세어 ☐ 안에 알맞은 수를 쓰세요.
십일, 열하나
11
십삼, 열셋
13
십사, 열넷
14
56 연산 A1
구슬의 수를 세어 관계있는 것끼리 선으로 이으세요.
지오
태경
13
십삼
11
십일
10보다 1
큰 수는 11이라 쓰고,
십일 또는 열하나라고 읽어.
12
십이
15
십오
13
열셋
14
열넷
공부한 날
월
일
15까지의 수 57

12 수 세기

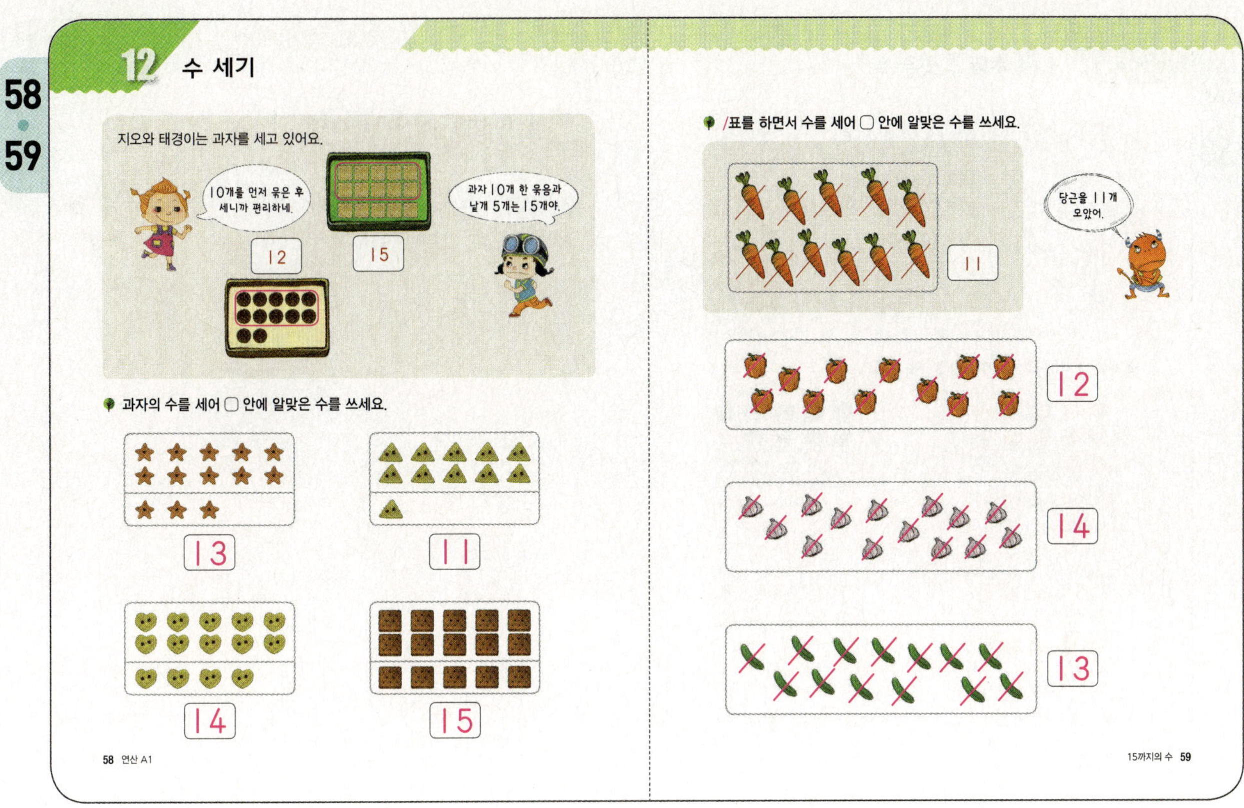
지오와 태경이는 과자를 세고 있어요.
10개를 먼저 묶은 후 세니까 편리하네.
과자 10개 한 묶음과 낱개 5개는 15개야.
12
15
과자의 수를 세어 ☐ 안에 알맞은 수를 쓰세요.
13
11
14
15
/표를 하면서 수를 세어 ☐ 안에 알맞은 수를 쓰세요.
당근을 11개 모았어.
11
12
14
13

태경이가 꽃에 물을 주고 있어요.
10까지 센 다음 11, 12, 13, 14
14
주어진 수만큼 ◯◯◯ 로 묶으세요.
13
15
12
주어진 수만큼 /표 하세요.
13은 10개를 /표 하고 3개를 더 /표 하면 돼.
13
10
3
10
12
14
9
11
15
공부한 날
월
일

정답 **13**

62 · 63

13 | 큰 수와 | 작은 수

지오와 태경이가 도화지에 예쁜 붙임 딱지를 붙여요.

🌱 하나 더 색칠하고 ☐ 안에 알맞은 수를 쓰세요.

| 11 ➡ 12
하나 더 색칠하면

9 ➡ 10
하나 더 색칠하면

| 14 ➡ 15
하나 더 색칠하면

10 ➡ 11
하나 더 색칠하면

🌱 왼쪽 수보다 | 큰 수를 ☐ 안에 쓰세요.

7 ➡ 8
| 큰 수

10 ➡ | 11
| 큰 수

6 ➡ 7
| 큰 수

14 ➡ | 15
| 큰 수

13 ➡ | 14
| 큰 수

8 ➡ 9
| 큰 수

9 ➡ 10
| 큰 수

| 11 ➡ | 12
| 큰 수

64 · 65

지오는 태경이가 스케치북에 붙인 붙임 딱지 중 하나를 지웠어요.

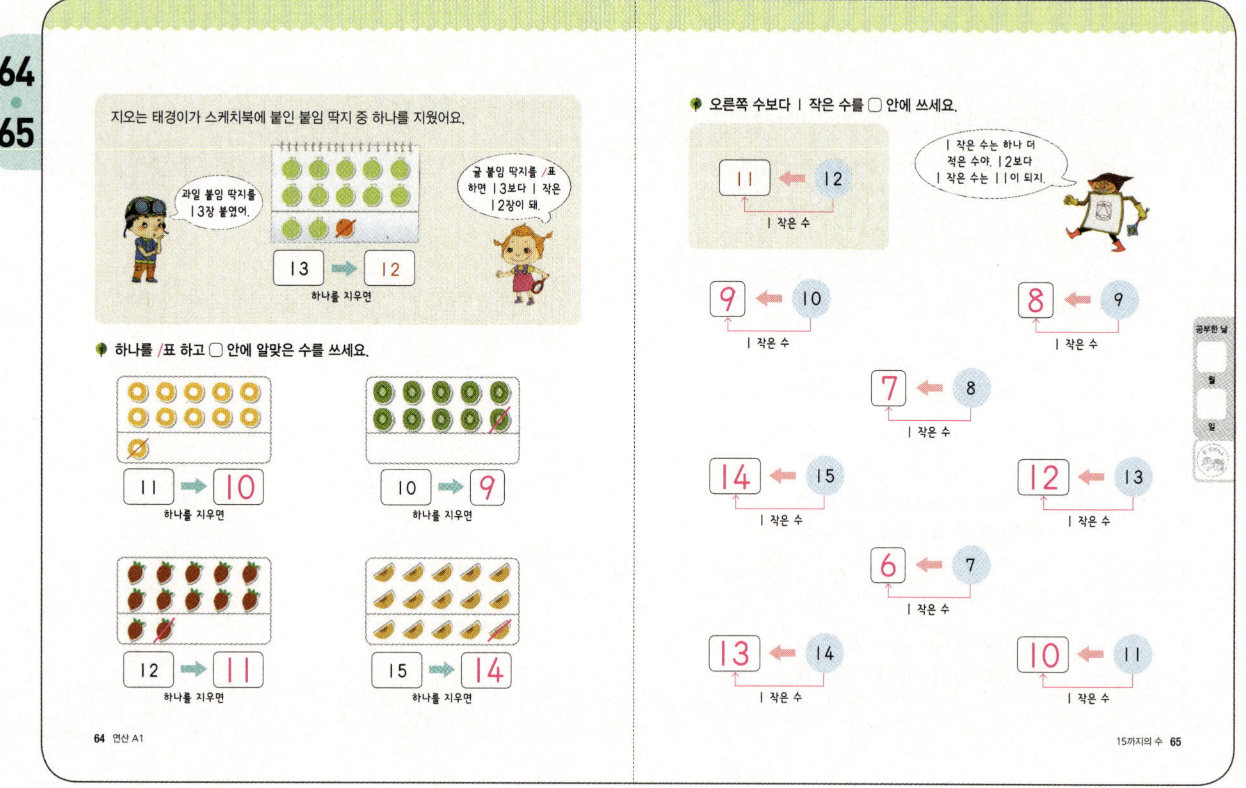

🌱 하나를 /표 하고 ☐ 안에 알맞은 수를 쓰세요.

| 11 ➡ 10
하나를 지우면

10 ➡ 9
하나를 지우면

| 12 ➡ | 11
하나를 지우면

15 ➡ | 14
하나를 지우면

🌱 오른쪽 수보다 | 작은 수를 ☐ 안에 쓰세요.

9 ⬅ 10
| 작은 수

8 ⬅ 9
| 작은 수

7 ⬅ 8
| 작은 수

| 14 ⬅ | 15
| 작은 수

| 12 ⬅ | 13
| 작은 수

6 ⬅ 7
| 작은 수

| 13 ⬅ | 14
| 작은 수

10 ⬅ | 11
| 작은 수

14 연산 A1

14 순서대로 세기

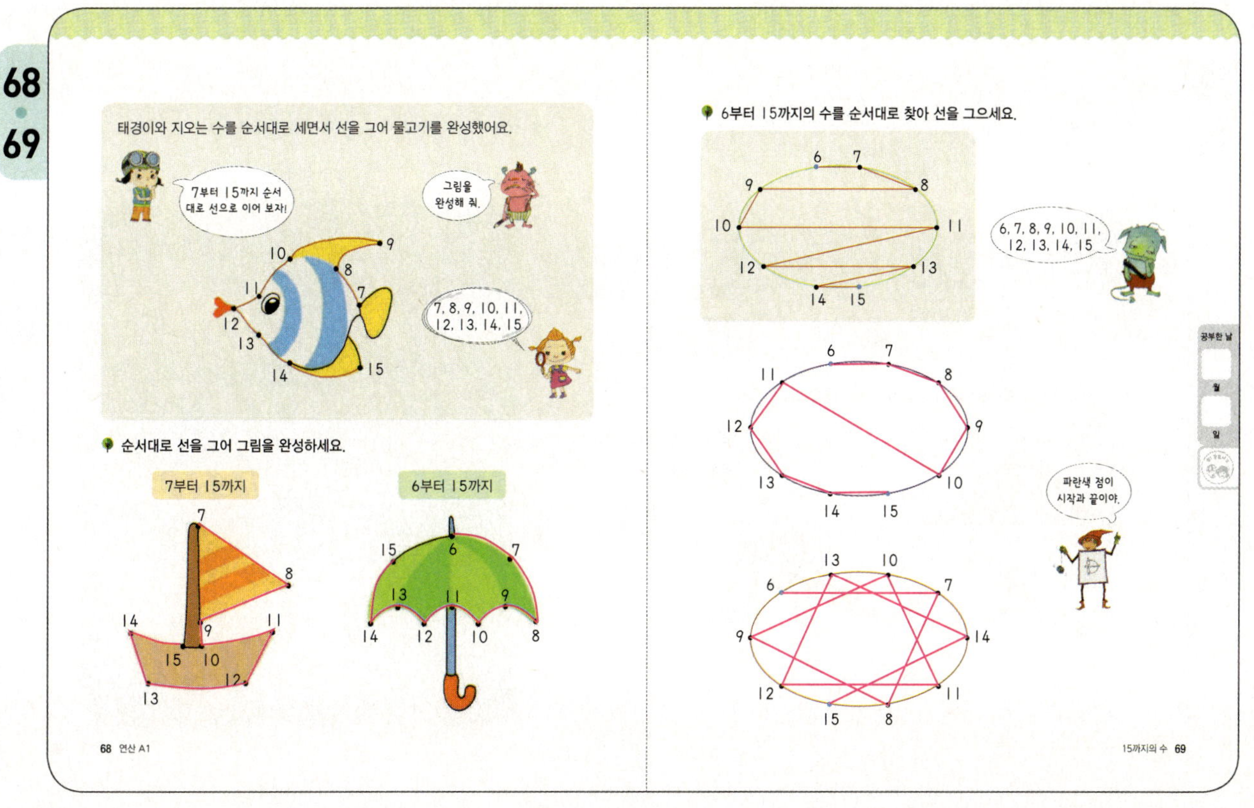

정답 **15**

15 거꾸로 세기

태경이가 스키장에서 스키를 타고 내려가요.

거꾸로 세어 빈 곳에 알맞은 수를 쓰세요.

거꾸로 세어 ☐ 안에 알맞은 수를 쓰세요.

| 15 | 14 | 13 | 12 | 11 |

| 12 | 11 | 10 | 9 | 8 |

| 12 | 11 | 10 | 9 | 8 |

| 13 | 12 | 11 | 10 | 9 |

| 13 | 12 | 11 | 10 | 9 |

| 11 | 10 | 9 | 8 | 7 |

| 15 | 14 | 13 | 12 | 11 |

| 15 | 14 | 13 | 12 | 11 |

| 13 | 12 | 11 | 10 | 9 |

거꾸로 요괴가 수를 거꾸로 세면서 선을 그어 허수아비를 완성했어요.

15부터 6까지의 수를 거꾸로 세면서 선을 그어 그림을 완성하세요.

15부터 6까지 거꾸로 센 수를 따라 선을 그으세요.

무엇을 배웠을까요

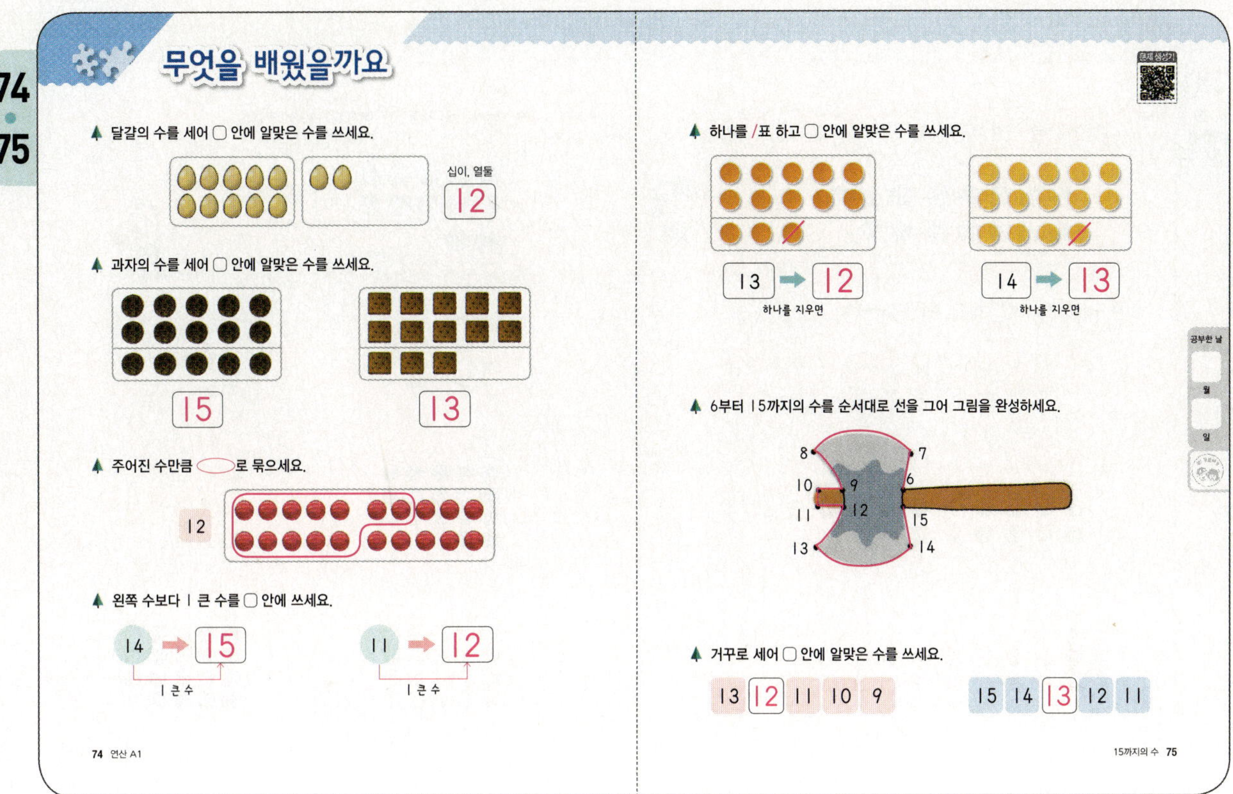

---

16 몇과 십 몇

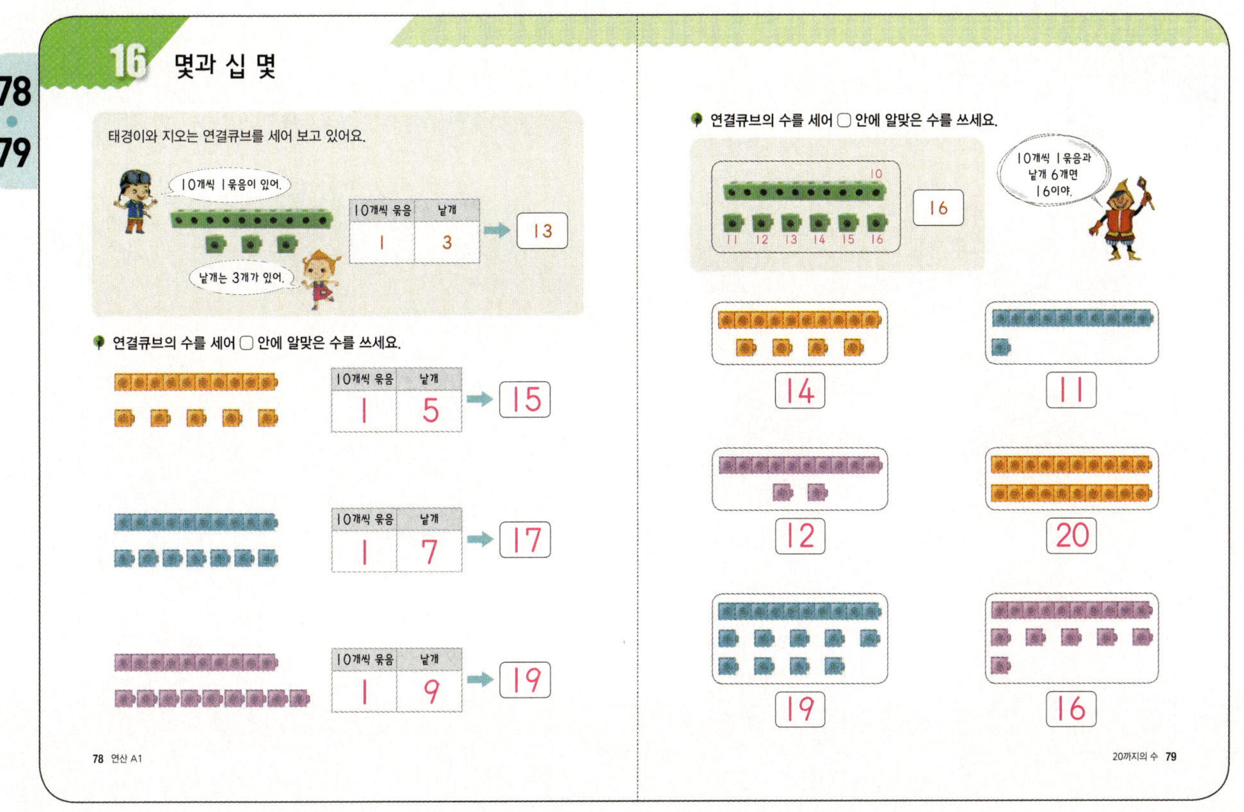

80
81

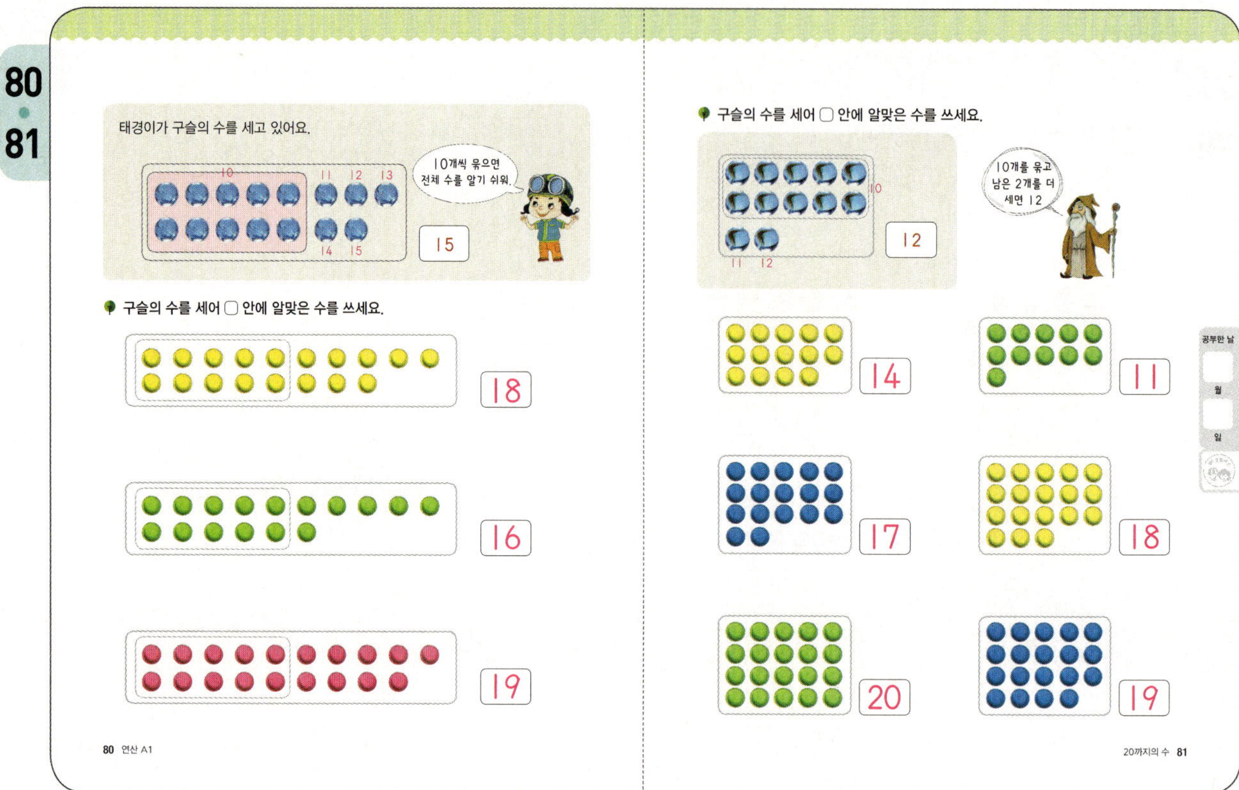

82
83

17 동전의 금액 세기

태경이는 상자 안에서 15원을 꺼내려고 해요.

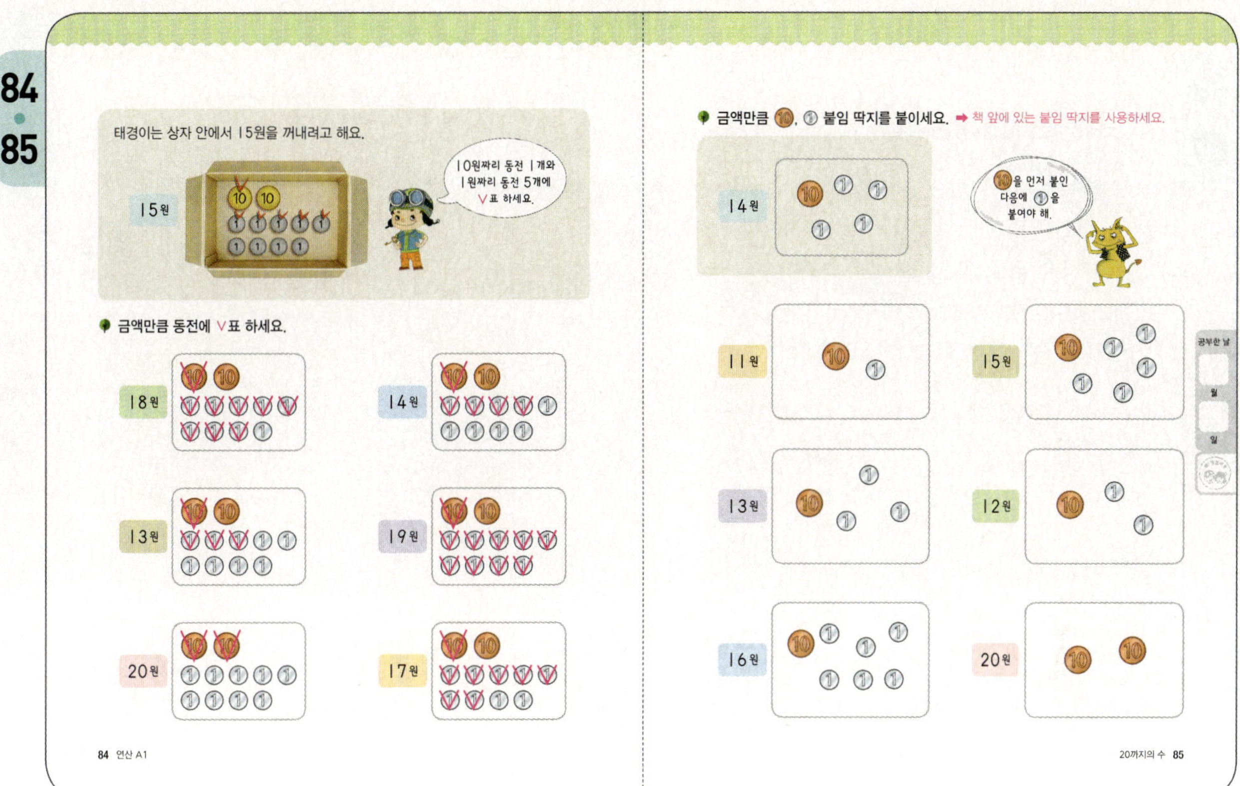

18 1 큰 수와 1 작은 수

태경이는 붙임 딱지를 모으고 있어요.

88
89
태경이와 지오는 계단을 이용하고 있어요.
15에서 1칸 내려가면 14
15에서 1칸 올라가면 16
한 칸 내려가면 1 작은 수, 한 칸 올라가면 1 큰 수를 쓰세요.
17
16
15
17
16
15
18
17
16
19
18
17
19
18
17
20
19
18
1 작은 수와 1 큰 수를 □ 안에 쓰세요.
15 16 17
1 작은 수 1 큰 수
1 작은 수는 하나 더 적은 수이고, 1 큰 수는 하나 더 많은 수야.
10 11 12
1 작은 수 1 큰 수
14 15 16
1 작은 수 1 큰 수
18 19 20
1 작은 수 1 큰 수
12 13 14
1 작은 수 1 큰 수
13 14 15
1 작은 수 1 큰 수
11 12 13
1 작은 수 1 큰 수
88 연산 A1
20까지의 수 89

90
91
19 수의 순서
지오는 실로폰에 써 있는 수를 세고 있어요.
1 2 3 4 5 6 7 8 9 10
11 12 13 14 15 16 17 18 19 20
실로폰에 써 있는 수를 순서대로 세면 5 다음은 6이야.
수의 순서대로 □ 안에 알맞은 수를 쓰세요.
1 2 3 4 5 6 7 8 9 10
11 12 13 14 15 16 17 18 19 20
1 2 3 4 5 6 7 8 9 10
11 12 13 14 15 16 17 18 19 20
수의 순서대로 □ 안에 알맞은 수를 쓰세요.
3 4 5 6 7
3부터 순서대로 세면 3, 4, 5, 6, 7
5 6 7 8 9
7 8 9 10 11
9 10 11 12 13
13 14 15 16 17
15 16 17 18 19
11 12 13 14 15
13 14 15 16 17
16 17 18 19 20
90 연산 A1
20까지의 수 91

태경이가 사물함에 써 있는 수를 거꾸로 세고 있어요.

거꾸로 세어 ☐ 안에 알맞은 수를 쓰세요.

거꾸로 세어 ☐ 안에 알맞은 수를 쓰세요.

---

20 뛰어 세기와 묶어 세기

개구리가 연잎 위를 2칸씩 뛰어가고 있어요.

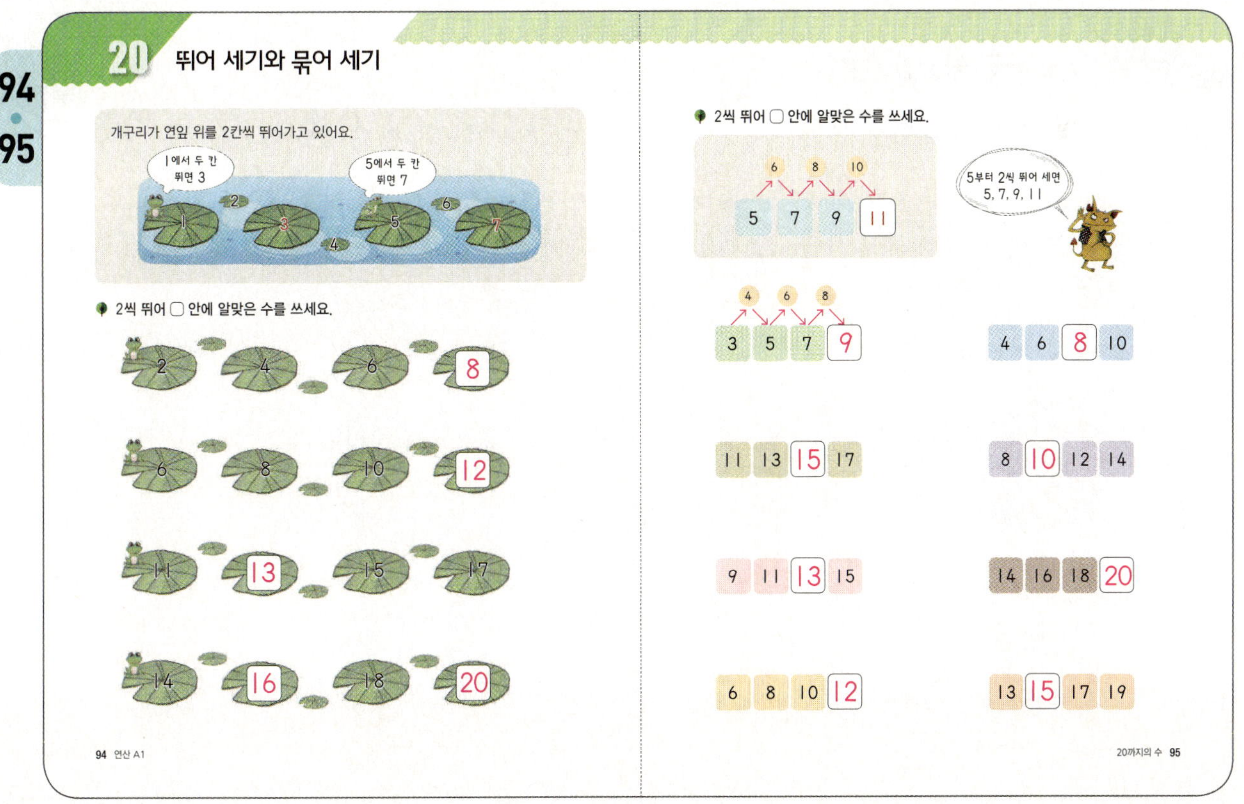

2씩 뛰어 ☐ 안에 알맞은 수를 쓰세요.

2씩 뛰어 ☐ 안에 알맞은 수를 쓰세요.

96
97
태경이와 지오는 딱지를 2개씩 묶어 세고 있어요.
2개씩 묶어 세면 편리해.
2, 4, 6, 8, 10 그리고 11
2 4 6 8
10 11
2개씩 ◯로 묶은 다음 개수를 세어 ☐ 안에 알맞은 수를 쓰세요.
14
13
12
15
11
13
96 연산 A1
멀린은 큐브를 2개씩 묶은 다음 개수를 세고 있어요.
2 4 6 8 10
12 13
13
2개씩 세는 것에 익숙해지면 빨리 셀 수 있어.
2개씩 ◯로 묶은 다음 개수를 세어 ☐ 안에 알맞은 수를 쓰세요.
12
10
13
16
11
18
20까지의 수 97
공부한 날
월
일

98
99
무엇을 배웠을까요
연결큐브의 수를 세어 ☐ 안에 알맞은 수를 쓰세요.
16
19
금액을 세어 ☐ 안에 알맞은 수를 쓰세요.
16 원
14 원
15 원
금액만큼 동전에 ∨표 하세요.
17원
18원
98 연산 A1
1 작은 수와 1 큰 수를 ☐ 안에 쓰세요.
11 12 13
1 작은 수   1 큰 수
17 18 19
1 작은 수   1 큰 수
거꾸로 세어 ☐ 안에 알맞은 수를 쓰세요.
16 15 14 13 12
15 14 13 12 11
2씩 뛰어 ☐ 안에 알맞은 수를 쓰세요.
12 14 16 18 20
11 13 15 17 19
2개씩 ◯로 묶은 다음 개수를 세어 ☐ 안에 알맞은 수를 쓰세요.
10
15
20까지의 수 99
공부한 날
월
일

5까지의 수

관련 쪽수: 6~27쪽

✛ 그림을 세어 ☐ 안에 알맞은 수를 쓰세요.

✛ 주사위의 점을 세어 ☐ 안에 알맞은 수를 쓰세요.

✛ 수의 순서대로 ☐ 안에 알맞은 수를 쓰세요.

✛ 수를 거꾸로 세면서 ☐ 안에 알맞은 수를 쓰세요.

10까지의 수

관련 쪽수: 30~51쪽

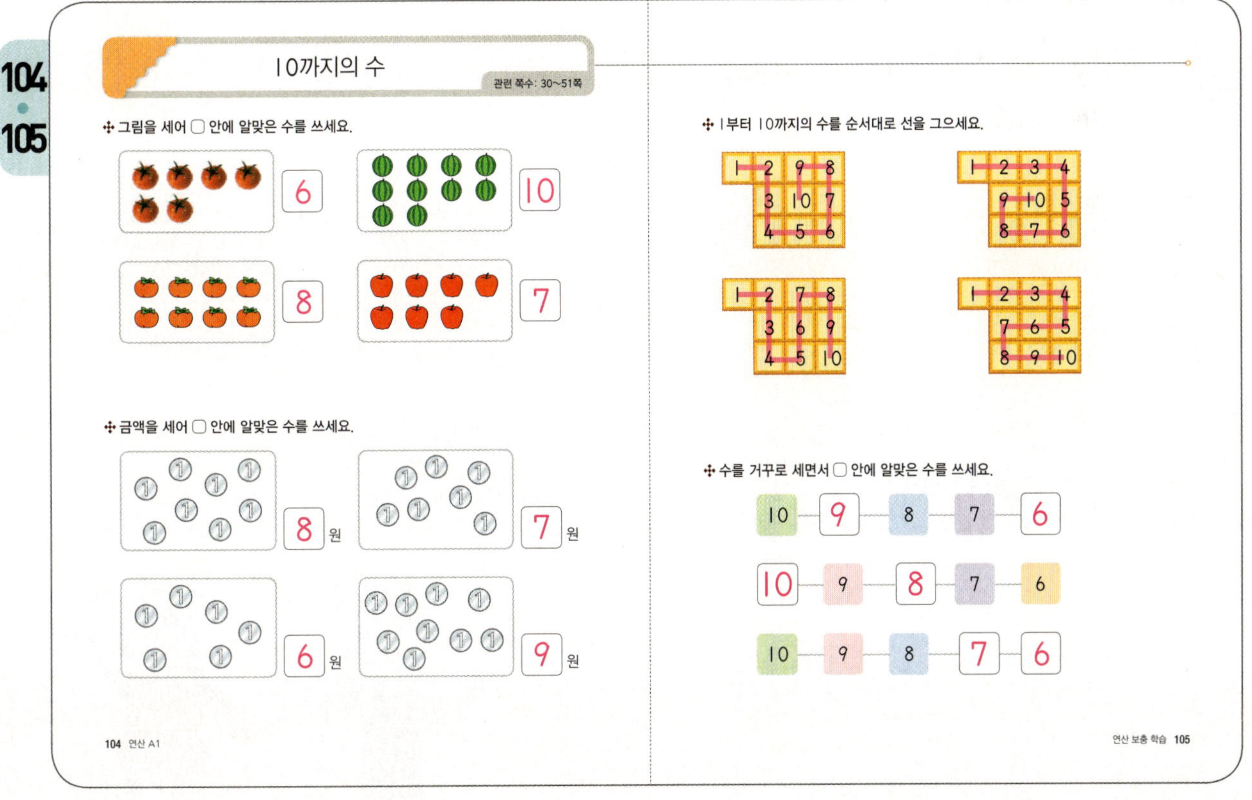

✛ 그림을 세어 ☐ 안에 알맞은 수를 쓰세요.

✛ 금액을 세어 ☐ 안에 알맞은 수를 쓰세요.

✛ 1부터 10까지의 수를 순서대로 선을 그으세요.

✛ 수를 거꾸로 세면서 ☐ 안에 알맞은 수를 쓰세요.

정답 **23**

106 · 107

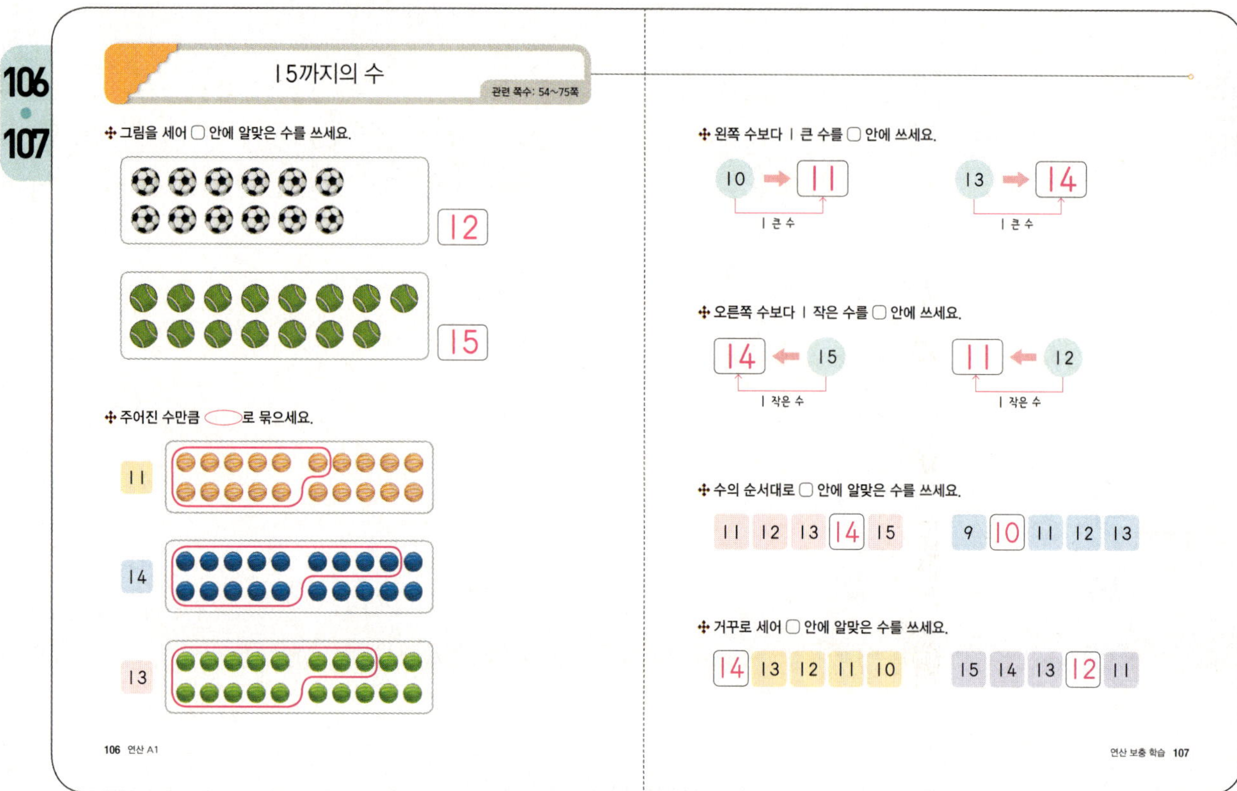

15까지의 수
관련 쪽수: 54~75쪽

✛ 그림을 세어 ☐ 안에 알맞은 수를 쓰세요.

12

15

✛ 주어진 수만큼 ◯로 묶으세요.

11

14

13

✛ 왼쪽 수보다 1 큰 수를 ☐ 안에 쓰세요.

10 ➡ 11   1 큰 수

13 ➡ 14   1 큰 수

✛ 오른쪽 수보다 1 작은 수를 ☐ 안에 쓰세요.

14 ⬅ 15   1 작은 수

11 ⬅ 12   1 작은 수

✛ 수의 순서대로 ☐ 안에 알맞은 수를 쓰세요.

11 12 13 14 15   9 10 11 12 13

✛ 거꾸로 세어 ☐ 안에 알맞은 수를 쓰세요.

14 13 12 11 10   15 14 13 12 11

108

20까지의 수
관련 쪽수: 78~99쪽

✛ 금액을 세어 ☐ 안에 알맞은 수를 쓰세요.

17 원

19 원

✛ 1 작은 수와 1 큰 수를 ☐ 안에 쓰세요.

16 17 18   1 작은 수 1 큰 수

14 15 16   1 작은 수 1 큰 수

✛ 거꾸로 세어 ☐ 안에 알맞은 수를 쓰세요.

17 16 15 14 13   16 15 14 13 12

✛ 2씩 뛰어 ☐ 안에 알맞은 수를 쓰세요.

8 10 12 14 16   11 13 15 17 19